청소년에게 심리학이 뭔 소용이람?

*이 도서는 한국출판문화산업진흥원의 '2019년 우수출판콘텐츠 제작 지원' 사업 선정작입니다.

청소년에게
심리학이
뭔 소용이람?

2019년 11월 1일 처음 펴냄
2022년 4월 11일 3쇄 펴냄

지은이 이남석
펴낸이 신명철 | 편집 윤정현 | 영업 박철환 | 관리 이춘보 | 디자인 최희윤
펴낸곳 (주)우리교육 | 등록 제 313-2001-52호
주소 03993 서울특별시 마포구 월드컵북로 6길 46
전화 02-3142-6770 | 팩스 02-6488-9615
홈페이지 www.urikyoyuk.modoo.at

ⓒ 이남석, 2019
ISBN 978-89-8040-892-4 43180

이 도서의 국립중앙도서관 출판시도서목록(CIP)은
서지정보유통지원시스템 홈페이지(http://seoji.nl.go.kr)에서 이용하실 수 있습니다.
(CIP 제어번호:CIP2019041547)

◀)) 10대의 일상을 이루는

성장, 기억, 공부, 정신 건강을 책임지는

맞춤형 심리학

청소년에게 심리학이 뭔 소용이람?

★이남석 지음

우리교육

심리학,
오해하지 말고 잘 써먹으려면……

심리학을 오해하는 사람들

처음 만나는 사람에게 저를 심리학자로 소개하면 대부분 경계합니다.

"혹시 제 생각을 읽고 계신 건가요?"

이런 질문을 받으면 초창기에는 이렇게 대답했죠.

"아이고, 저는 제 생각도 잘 못 읽어요."

이 답변은 효과가 있었어요. 상대방은 경계심을 거두었죠. 대신 심리학을 경시, 즉 깔보게 되는 부작용이 있어 대답을 바꿨습니다.

"심리학은 독심술이 아니에요. 특정 개인의 특정 시간대의 심리 상태를 투시 초능력자처럼 딱 보고 알아보는 것이 아니에요. 보편적인 사람들의 마음이 어떻게 작동하는지 그 원리와 과정을 더 알아보는 학문이에요."

이 답변 역시 효과가 있었어요. 상대방은 경계하지 않는 대신 심리학을 우러러봤죠. 하지만 높은 곳에 있는 숭고한 그 세계에 감히

들어가고 싶지 않아 하는 눈빛으로 봤기에 또 대답을 바꿨어요.

"심리학은 과학적 방법으로 사람의 마음을 알아보는 거예요. 지금 어떤 생각을 하시는지 알아보려면 실험이나 설문을 해야 한답니다. 한번 해 보실래요?"

이렇게 하면 상대방은 웃으며 손사래를 쳐요. 내가 아직 자기 생각을 알지 못한다고 안심하면서.

많은 사람이 심리학을 오해하고 있어요. 심리학자는 모두 최면을 걸 줄 안다든지, 혈액형에 따라 성격을 알 수 있다든지, 심리학은 상담이 전부라는 등등. 특히 청소년일수록 인터넷 등에서 검증되지 않은 정보를 접하며 심리학을 오해하는 경우가 많았어요. 진로 강연을 할 때 심리학과에 가고 싶다며 질문하는 학생조차도 말이죠.

안타까웠어요. 흥미를 돋우기 위해 특정 상황에 대해서 심리학적 설명을 하는 청소년 심리 책은 많지만, 심리학의 대표 분야를

망라해서 최신 이론들을 소개하는 개론서 같은 책이 없으니 오해가 커지는 게 아닌가 싶었어요.

이론을 나열하는 게 아니라, 심리학의 최대 장점인 자신과 세상 사람들의 마음을 직접 흥미롭게 분석하는 재미를 얻으면서도 진정 심리학이 무엇을 하는 학문인지 체험할 수 있다면 어떨까? 심리학을 전공하고 싶은 학생에게는 다양한 연구 분야를 알게 해 주어 자신의 세부 진로를 생각할 단서를 제공하면 어떨까? 심리학을 전공하지 않더라도 교육 선진국 학생들처럼 자신의 진로 분야에 심리학이 얼마나 도움이 될지 미리 살펴보고 미래지향적으로 대비할 수 있으면 어떨까? 이런 질문들의 답을 찾다 보니 어느덧 책을 쓰게 되었네요.

문과인 듯 이과 같은 심리학

많은 사람이 심리학은 전적으로 문과에 해당한다고 생각해요.

이것은 오해예요. 심리학은 인문학과 사회과학뿐만 아니라, 자연과학과도 관련이 깊어요. 대학교 심리학 전공과목에는 생물학에 가까운 생리심리와 다양한 실험 및 조사 방법론, 사람들의 반응을 의미 있게 해석하기 위한 통계 등을 배워요. 예상과 달라 힘들어하는 학생도 많아요.

물론 인간에 대한 기본 가정을 건드린다는 측면에서 철학 등 인문학적인 소양이 필요해요. 인간은 사회 활동을 하는 존재이다 보니 인간을 이해하기 위해서는 사회과학적 접근도 할 줄 알아야 하고요. 사람에게 편리한 시스템을 만드는 것이나 마음을 움직이는 뇌에 대한 이해를 더 잘하기 위해서는 자연과학적 소양도 있어야 한답니다.

여러 학문을 아우르는 종합 학문으로서의 심리학. 결코 과장이 아니에요. 미국의 케빈 보이액 Kevin W. Boyack 박사 연구팀은 2000년에 발표된 7121개의 자연과학 및 사회과학 학술지의 100만 개 이상의 학술논문 목록을 검색·분석해서 중심 학문을 찾았어요. 그 결과 기존의 수학mathematics, 물리학physics 이외에 화학chemistry, 지구과학earth sciences, 의학medicine, 사회과학social sciences, 그리고 심리학psychology이 중심 학문으로 나타났죠. 사회과학 분야에 심리학이 속한 것이 아니라 심리학이 독립적인 중심 학문으로 거의 20년 전에 확인된 것이 놀랍지요?

중심 학문인 심리학을 이해하려면 더 다양한 분야의 지식이 필요해요. 심리학 역시 다양한 분야에 응용되기도 하고요. 심리학과 경제학, 경영학 등이 교류해서 만들어진 행동경제학은 정부, 회사와 각종 기관 등에 쓰이고 있어요. 심리학과 디자인, 공학이 교류해서 만들어진 UX 사용자 경험, user experience 분야는 소비자가 편하게 쓸 수 있는 스마트 기기, 인터넷 메뉴, 제품, 서비스, 애플리케이션 등에 응용되어 현재 우리 생활에 큰 영향을 주고 있어요. 학문적으로도 점점 응용하는 곳이 많아지고 있답니다. 대니얼 카너먼

Daniel Kahneman 박사와 리처드 탈러Richard H. Thaler 박사는 심리학을 응용해 경제적 선택 상황 속에서 사람들이 어떤 판단을 하는지를 연구해 노벨 경제학상을 받기도 했어요.

그럼 심리학은 도대체 뭘 연구하는 학문일까?

미국 심리학회 사이트www.apa.org를 찾아보면 분과 수만 54개에 이르고, 한국심리학회www.koreanpsychology.or.kr의 분과 수도 15개에 이르고 있죠. 이 사이트들을 살펴보면 심리학이 얼마나 다양한 지식과 교류하는지 알 수 있고, 동시에 '심리학은 무엇을 하는 학문인가'라는 질문과 관련된 학문적 주제 범위를 가늠할 수 있어요.

인지심리, 실험심리, 생리심리, 문화심리, 발달심리, 사회심리, 성격심리, 창의성 심리, 예술심리, 임상심리, 산업 및 조직 심리, 교육심리, 학교심리, 학습심리, 공공서비스 심리, 군사심리, 공학심리, 재활심리, 소비자 심리, 심리 철학, 행동 분석, 지역사회 심리, 심리약리학, 심리치료, 인구 및 환경 심리, 재난심리, 여성심리, 종교심리, 아동·가족 정책심리, 건강심리, 정신분석, 임상 신경 심리, 법률심리, 가족심리, 동성애자 연구, 인종적 소수 집단 연구, 매체 심리, 스포츠 심리, 평화·갈등·폭력 심리, 중독심리, 국제심리 등 다양한 분야 이름에 심리라는 말만 붙이면 심리학 주제가 된다고 해도 과언이 아닐 정도예요.

그런데 사람이 관여하는 곳이라면 사람의 마음에 대한 연구가 필요한 것은 당연하지 않을까요? 심리학과 관련된 학문을 전공하지 않은 사람도 융합 시대에 맞게 자기 분야에 새롭게 등장하는 심리학적 관점을 알아야 하겠죠? 인터넷에서 출처도 알 수 없이 나오는 단편적 정보가 아니라, 미래 사회의 변화를 염두에 둔 체계적인 정보를 통해서 말이에요.

이 책을 씀으로써, 현재 중심 학문으로 떠오른 심리학에 대한 낡은 오해를 없애고, 미래 지향적으로 이해하는 데 조금이라도 도움이 되고 싶었어요.

일단 최근 주목받는 각 심리학 분야의 특징도 알 수 있으면서 청소년의 삶과 연관된 소주제들을 선정했어요. 특히 공부와 관련된 부분은 심리학을 자신의 삶에 응용해서 어떻게 변화시킬 수 있는지 느낄 수 있도록 하는 데 가장 많은 신경을 썼어요. 나중에 다른 심리학 이론도 자신의 다른 삶, 다른 분야에 활용하면 남다른 성과를 얻을 수 있음을 잊지 않길 바라요.

현재의 문제 해결과 미래 대비를 동시에 해야 하는 청소년 여러분의 부담을 저는 잘 알고 있어요. 그 부담은 굳이 작가, 강연자, 심리학자가 아니어도 알고 느낄 수 있을 정도지요. 하지만 심리학자이기에 더 깊이 알 수 있고 남다르게 느끼는 점도 있어요. 부담을 나누고 싶고, 줄이고 싶은 마음으로 쓴 이 책의 진심이 전해지기를 바랍니다.

1.

쟤, 성격 참 이상해

성격

인터넷 심리검사, 어디까지 믿을 수 있을까?

진로 강연을 하고 나면, 청소년 중에 자신의 적성과 성격 등을 알고 싶어 인터넷에서 떠도는 심리검사를 했는데 얼마나 믿어도 되는지 물어보는 친구가 있어요. 심지어 NASA가 인정한 심리검사를 했는데 자기 생각과 다르게 나왔다며 걱정하는 친구도 있었어요.

여기서 잠깐! NASA, 즉 미국항공우주국은 우주 개발에 관한 일을 하는 국가 기관이잖아요? 만약 우주비행사 혹은 외계인을 위한 심리테스트를 만들었다면 모를까 왜 NASA가 심리테스트를 인증하겠습니까? 설령 그게 사실이라고 해도 범죄자의 심리를 꼭 파헤쳐야 하는 FBI가 인증한 심리테스트가 더 낫지 않을까요? 저는 인터넷 검사를 믿어도 되냐고 질문한 학생에게 "캐나다 과학부가 인정한 미국 사물놀이 공연 팀 한국에 오다"라는 광고에 마음을 빼앗기는 것만큼이나 황당하다고 말했습니다.

저는 심리학 전공자기 때문에 대중적으로 널리 알려진 MMPI, MBTI뿐만 아니라, 사이코패스 테스트, 치매 검사 등 학문적으로 공인된 심리검사는 웬만큼 해 봤어요. 저의 다양한 심리 상태를 그 검사들 덕분에 알 수 있었죠. 하지만 인터넷에서 쉽게 구할 수 있는 심리검사에 관해 물어보신다면 재미는 있지만 타당성은 없다고 말씀드릴 수밖에 없습니다.

그래도 인터넷 심리검사 사이트들에 양심은 남아 있었습니다. 500만 명이 그 효과를 검증한 일본의 심리검사, 법정 증거로 채택된 미국의 무의식 검사라고 주장하는 등 권위를 내세울 만한 광고를 했어도 결국 "심리검사 결과는 재미로 받아들이셔야지 너무 심각하게 생각하지는 마세요."라고 문구를 넣은 곳이 많았습니다.

한편으로는 걱정도 됩니다. 많은 분이 심리검사는 그냥 재미로 하는 것으로 오해하실까 봐요. 어떤 의사가 MRI 촬영을 한 다음에 "이 검사 결과는 재미로 받아들이셔야지 너무 심각하게 생각하지 마세요."라고 하면 어떨까요?

심리검사는 의뢰자의 마음을 정확하게 진단하기 위해 심리학자들이 열심히 연구해서 만들었습니다.

인터넷에 가장 많이 떠돌아다니는 심리검사는 무엇일까요? 검색

포털에 입력해 보았더니 압도적으로 성격검사가 많이 나오더군요. 이것을 통해 사람들이 흔히 심리라고 했을 때는 '지능'. '창의성', '동기', '정서'보다는 '성격'을 떠올린다는 것을 미루어 짐작할 수 있습니다. 마음속 여러 요소 중에서 성격에 관심이 많다는 것은 그만큼 자신의 성격과 다른 사람의 성격을 이해하고 싶은 욕구가 큰 거겠죠? 반대로 말하면 심리학의 도움을 받지 않고는 성격을 파악하기 힘들다는 말도 될 것입니다. 만약 성격을 이해하는 게 쉽다면 바로 자신들의 생각에 의지하지, 성격검사를 찾아볼 필요는 없겠지요?

인터넷 성격검사는 쉽게 질문하고 금방 답변을 해 줍니다. 하지만, 정작 심리학자들은 성격을 더더욱 조심스럽게 연구하고 있습니다. 그 이유는 성격을 형성하는 데 유전적, 신체적, 사회적 조건 변화 등 아주 많은 요소가 영향을 주기 때문이에요. 아마존 밀림에 계신 분께 햄버거와 김밥을 보여 주며 성격검사를 한다고 생각해 보세요. 그분의 유전적, 신체적, 사회적 조건 변화를 무시한 검사가 좋은 결과를 얻을 수 있을까요?

인터넷 성격검사 결과를 보면 '당신은 전반적으로 낙천적인 성격을 가지고 있습니다. 그러나 왜 그런지 알 수는 없지만 때때로 울적한 기분에 빠지기도 하는군요'라는 식의 말이 자주 나옵니다. 이 해석을 본 사람은 어쩌면 자기 자신을 잘 아는가 싶어 고개를 끄덕이지만 사실은 누구나 살다 보면 울적한 기분이 들 때가 있잖아요.

사람은 환경에 적응하면서 다양한 면을 갖게 돼요. 또 세상에는 다양한 환경이 있습니다. 환경과 자신의 특성이 복잡하게 상호작용해서 만들어지는 경우의 수는 아주 다양합니다. 그중 하나를 인터넷 심리검사 결과에서 다루는 것입니다. 그것도 "자신만의 시간이 필요하지만, 때로는 다른 사람과 함께 지내고 싶은 마음이 들기도 한다"는 너무도 당연한 내용을 넣어서요.

혹은 멋진 명언을 인용하며 그럴듯해 보이지만 애매모호한 문장으로 얼버무리기도 하지요. 점쟁이가 척 보고 사람의 상태를 알아맞힌다는 것도 결국 일반적인 말을 몇 번 던진 다음에 상대방의 반응을 보고 꿰맞추는 것에 지나지 않은데, 인터넷 성격검사는 이 방법을 쓰고 있어요. 그럴듯해 보여도 사실은 진정한 성격을 다루고 있지는 않답니다.

심리학에서는 연구하는 '성격'은 무엇일까?

성격은 '그 사람 성격 어때?'처럼 일상적으로 쓰는 용어예요. 뇌에 관심이 많다고 해서 "그 사람 우반구 상태는 어때?"라고는 잘 안 하지요? 그런데 성격이라는 심리학 용어는 쉽게 씁니다. 하지만 최초로 성격심리학 교과서를 쓴 고든 올포트Gordon Allport 박사의 정의를 살펴보면 쉽게 쓰지 못할 정도인 복잡한 개념이란 걸 알 수 있어요.

올포트 박사는 '성격은 환경에 대한 개인의 독특한 적응을 결정하는 개인 내의 정신적, 신체적 체계들의 역동적 조직'이라고 정의했어요. 저는 처음 이 말을 들었을 때 "역시 학자들은 누구나 알고 있는 것을 아무도 모르게 만드는 재주가 있다"며 혀를 내둘렀어요. 그런데 찬찬히 다시 읽어 보니 조금 더 이해할 수 있었습니다.

우리는 SF 영화 〈매트릭스〉의 첫 부분에 나오는 사람들처럼 각각 캡슐에 들어가서 살지 않습니다. 자신의 몸을 움직이며 여러 가지 사회적 환경에 노출되어 살아가지요. 그리고 그 속에서 자극이 오면 반응합니다. 사람마다 반응이 다르고, 같은 사람이라고 해도 어떤 상황에 부닥치느냐에 다라 그때그때 반응이 다릅니다. 역동적이지요. 올포트 박사는 이 반응에 영향을 주는 개인 특유의 성질을 성격이라고 정의한 것뿐이에요.

성격은 기질과 품성을 모두 포함해서 개인 특유의 성질을 이야기합니다. 기질은 태어날 때부터 지니게 된 개인의 특성을 말하지요. 활달한 기질을 타고났다거나 충동적인 기질을 타고났다고 말하듯이요.

이에 비해 품성은 "성실하다", "착하다"와 같이 사회적으로 바람직하다고 여겨지는 특성이고요. 식성도 개인 특유의 성질이기는 합니다. 그런데 심리학에서는 햄버거를 특히 좋아하는 심리적 이유를 다루지, 햄버거 특성 자체를 다루지는 않아요. 그리고 특정 시간에 햄버거를 먹고 싶었다고 해서 그 사람에게 햄버거를 먹고 싶은 심리적 이유가 있다고 쉽게 결론짓지 않아요.

성격은 한 사람이 지닌 지배적인 성향이에요. 얌전한 사람도 화를 내면 제법 무섭습니다. 그렇다고 그 사람 성격이 "화를 잘 내며 공격적이다"라고 말할 수 있을까요? 차분할 때 그 사람을 관찰하면 얌전하다고 성격을 묘사할 수 있고, 화낼 때 봤다면 공격적이라고 묘사할 수도 있답니다. 성격이 어떻다 하고 결론을 내리려면 특정 순간이 아니라 그 사람이 안정적으로 보이는 때의 반응 패턴을 더 관찰하고 조사해야 한답니다.

사정이 이렇다 보니 심리학의 정식 성격검사는 많은 항목을 묻거나, 앞에서 물어봤던 것을 표현을 바꿔서 다시 물어보거나, 마음 깊은 곳에 있는 것을 건드리는 질문으로 이뤄져 있습니다. 거기에 일일이 답하다 보면 피곤해지지요.

성격의 다섯 가지 특성

성격에 대한 묘사는 아주 다양해요. 예민하다, 소심하다, 낙천적이다, 외향적이다, 의심이 많다, 불안하다, 친절하다 등등. 이렇게 많은 성격을 모두 다 사람이 지닌 특성으로 연구하면 너무 복잡할 것 같겠지요? 그래서 로버트 맥크라에Robert McCrae와 폴 코스타Paul Costa 박사는 기존 성격 이론을 종합해서 빅 파이브Big Five 이론을 만들었고, 현재는 이 성격을 다섯 개 차원으로 나눈 검사를 많이 써요. 외향성, 신경성, 개방성, 우호성, 성실성. 이 다섯 개의 기본적 특성으로 모든 인간의 성격을 설명할 수 있다고 주장하지요.

첫 번째 외향성 차원이에요. 우리가 "너는 외향적이야."라고 말하는 경우가 있죠? 심리학에서는 일상적으로 많이 쓰는 것처럼 활발하냐 아니냐로 외향성을 이야기하지는 않아요. 외향성은 삶의 에너지를 외부에서 더 많이 얻는 성향을 뜻합니다. 그 반대인 내향성은 삶의 에너지를 내부에서 더 많이 얻는 성향이겠지요?

외향성이 높은 사람은 지쳤을 때 다른 사람이 모인 곳에 가서 에너지를 얻고 옵니다. 내향적인 사람은 집에서 혼자 쉬거나 기도, 명상 등을 하면서 에너지를 얻어요. 그래서 외향성이 높은 사람은 사교적이며, 낙관적이고, 친밀한 특징이 있어요. 내향적인 사람은 앞서 설명한 특성과 반대로 비사교적이고, 비관적이고, 무뚝뚝한 특징이 있고요.

그런데 겉으로 드러나는 모습으로만 판단해서는 안 돼요. 겉으로는 활달하게 타인과 어울리는 것처럼 보여도 혼자 있는 시간에 더 많은 에너지를 얻는 사람이라면 내향적인 거예요. 내향적이어도 적당히 사람들과 어울리며 성공한 리더가 많아요. 미국 대통령이었던 버락 오바마, 애플의 창업자 스티브 잡스처럼요. 투자의 귀재인 워런 버핏은 사람들과 잘 어울리지 않고 내향성을 더 발휘해 섬세한 투자를 해서 성공하기도 했지요. 예술가들도 은둔하면서 내부의 에너지를 얻어 성공한 사람이 있답니다. 《호밀밭의 파수꾼》을 쓴 제롬 데이비드 샐린저 같은 사람이요. 하지만 외향성을 발휘해서 글을 쓴 어니스트 헤밍웨이도 있듯이, 반드시 특정 성향이 어떤 일을 하는 데 더 좋다고 말하기는 어려워요. 각자의 성향을 잘 발휘하면 되니까요.

두 번째 신경성 차원이에요. 신경성은 정서를 얼마나 부정적으로 느끼느냐에 대한 거예요. 신경성이 높은 사람은 걱정이 많고, 적대적이고, 자의식이 강하고, 불안정하고, 상처받기 쉬워요. 신경성이 높지 않으면 대범하고, 평화롭고, 안정적이고, 강인하지요.

예를 들어 새 학년으로 올라가는데 앞으로 어떤 일이 벌어질지 두려움을 느낀다면? 신경성이 높은 거예요. 새 학년이 되어 기대되고 새로 펼쳐질 일을 두려워하지 않는다면? 신경성이 낮은 거예요.

버스를 탔는데 낯선 사람이 많아 몹시 불안하다면 신경성이 높은 거예요. 같은 상황에 대해서 별로 신경을 쓰지 않는다면 신경성이 낮은 거죠.

정치적인 성향은 다 성격 탓!

세 번째는 개방성 차원. 개방성은 새로운 경험을 기꺼이 받아들이는 정도예요. 개방성이 높은 사람은 호기심, 유연한 사고, 상상력, 민감성 등이 높아요. 개방성이 낮은 사람은 새로운 것에 대한 호기심이 낮고, 보수적이고, 상상력보다는 기존 매뉴얼을 더 선호하고, 새로운 변화에 둔감해요. 개방성은 사회적인 태도 형성에 중대한 역할을 합니다.

개방성이 높다면 정치 사회적으로 진보적 성향을 갖기 쉬워요. 여성 차별과 성 소수자 문제. 빈부격차 해결 문제 등에 대해서 말이지요. 개방성이 낮다면 기존의 사회 질서를 유지하는 게 좋다고 생각해서 보수적인 선택을 하지요.

개방성은 일상생활에도 영향을 줘요. 새로운 식당이 생기거나, 새로운 메뉴가 나오면 맛없을 확률이 있어도 호기심 때문에 기꺼이 먹는 개방적인 사람이 있지요? 그 식당과 메뉴가 좋다고 해도 잘 가지 않고 예전의 입맛에 맞는 단골집만 가는 사람도 있지요? 공부할 참고서를 선택하는 것도 새로운 스타일로 나온 것을 선호하는 사람이 있고, 몇십 년 전부터 이어져 온 포맷으로 된 스타일을 선호하는 사람도 있지요. 옷을 입는 것도 개방적이냐, 폐쇄적이냐에 따라 달라지지요?

네 번째 우호성 차원이에요. 우호성이 높은 사람은 타인에 대한 동정심이 많고, 남을 잘 믿고, 협동적이고, 겸손하고, 솔직해요. 우호성이 낮으면 반대로 의심이 많고, 적대적이고, 공격적으로 되지요. 만약 길을 가는데 누군가 짐을 옮기느라 힘들어할 때, 선뜻 나선다면? 우호성이 높은 거예요. 그런데 그 사람을 못 본 척하는 것을 넘어서서, 도움을 요청했는데 강하게 거절한다면 우호성이 낮은 거예요.

다섯 번째 성실성 차원이에요. 성실한 사람은 근면하고, 규율을 잘 지키며, 시간 약속을 잘 지키는 등 믿을 만해요. 성실하지 않은 사람은 게으르고, 규칙을 잘 안 따르고, 약속에 잘 늦어요. 만약 병원 예약 시간 15분 전에 꼭 도착하는 사람이라면? 성실성이 높은 거겠죠? 만약 병원 예약을 했는데도 한 시간 늦거나, 아예 아무 말도 없이 가지 않는다면? 성실성이 낮은 거예요.

어떠세요? 이렇게 다섯 가지 차원으로 사람의 성격을 잘 설명할 수 있을 것 같은가요? 다섯 가지가 완벽하게 독립적이지는 않아요. 그래서 더 안정적인 성향을 확인할 수 있게 한답니다. 병원 예약을 하고도 안 가는 사람은 성실성도 낮지만 병원 직원들이 답답해할 것을 살펴서 배려하는 우호성도 낮은 거겠죠? 신경성이 높은 사람은 걱정이 많다 보니 새로운 경험에 대해서 폐쇄적이고 조화성 차원에서 적대적일 수도 있어요. 물론 신경성이 높아 걱정이 많지만 새로운 것에 대한 호기심이 있을 수도 있어요. 많은 예술가처럼 말입니다. 이런 식으로 빅 파이브 검사는 다섯 가지 차원을 서로 더 가깝게 엮기도 하고 따로 떼어내기도 하면서 복잡한 인간의 특성을 진단해요.

어떤 성격이 가장 좋다는 정답은 없어요. 내향성을 발휘해서 고독을 즐기며 철학자가 될 수도 있고, 외향성을 발휘해서 연예인이 될 수도 있어요. 일할 때 오히려 내향성이 장점인 연예인이 될 수도 있지요. 객관적으로 볼 때, 안정적이고 개방적인 사람이 신경증이 있고 보수적인 사람보다 낫다고 할 수도 없어요.

사고를 예방하기 위해 꼼꼼하게 규칙대로 잘 되었는지 살펴보는 안전검사 분야에 있는 사람은 신경성과 보수적인 게 장점이 될 수 있겠지요? 하지만 그 사람도 일상생활 문제에서는 신경성 때문에 스트레스를 받고 유행에 뒤처진다고 놀림을 받을 수도 있어요.

객관적으로 늘 완전히 좋고, 완전히 나쁜 성격이라는 것은 없다는 말씀. 성격은 저마다 타고난 유전적, 사회적, 개인적 조건에 최적으로 적응하려고 노력하면서 형성된 것이니까요.

성격 개조는 필요에 따라

다만, 더 나은 성격을 가져야 할 필요성을 자신이 느꼈을 때는 사정이 달라집니다. 예를 들어 새로운 것에 대한 호기심으로 진로를 수시로 바꿔 손해를 보는 사람이라면 어떨까요? 원래 성향대로 사는 게 아니라 스스로 좀 보수적인 성향을 더 가져야겠다는 생각을 하게 되겠지요? 성격 개조라는 이름으로 말입니다. 앞서 예로 든 안전 검사를 하는 사람의 경우에는 자신의 직업과 생활을 분리해서 더 좋은 적응 방향을 찾는 것으로 성격 개조를 해야 할 거예요.

성격 개조는 단번에 되지 않아요. 선택할 때 의도적으로 기존의 나는 이럴 것이지만, 다른 성향으로 생각하면 어떨까 라면서 한 번 더 확인해 보는 훈련을 계속해야 한답니다. 그래야 자신의 원래 성격의 장점도 살리면서 다른 성향의 장점도 발휘하게 되겠지요? 그러다 보면 적응을 더 잘하는 방향으로 새로운 성격이 형성된답니다. 완전히 반대되는 성향을 갖지는 못하더라도 예전과는 다른 성향이 되는 거죠. 그것만으로도 더 나은 적응을 할 수 있답니다.

성격 개조와 관련해서 한 가지 더 말씀드릴게요. 사람들은 다섯 가지 차원을 저마다 다르게 지니고 있답니다. 그런데 재미있게도 일반적으로 어릴수록 성실성이 높게 나옵니다. 유치원이나 초등학교에서 정한 규칙을 잘 따르려 노력하지요. 하지만 나이가 들수록 전반적으로 성실성이 낮아져요. 사회적 규칙을 따라도 이득이 별로 많지 않고, 규칙을 따르지 않아도 내려지는 처벌이 감당할 수 있을 만하다거나, 근면해도 성공하거나 행복할 확률이 적다는 믿음을 갖기 시작하기 때문이지요.

하지만, 입장을 바꿔 놓고 생각해 볼까요? 친구가 성실한 게 좋지 않아요? 여러분이 사장이라면 성실한 직원을 더 뽑고 싶어 하지 않을까요? 성실한 애인, 성실한 배우자 등이 더 좋지 않으세요? 눈치채셨나요? 성격 개조가 아니라, 성격 보존이 필요할 때도 있답니다. 우리가 나이 들수록 잃어버리는 성실성을 지켜내려고 한다면, 자기 삶 속에서 더 좋은 결과를 얻을 수 있지 않을까요?

혈액형으로 성격을 알 수 있다는 건, 오해야 오해

혈액형을 서로 알면 성격을 빨리 알게 된다고 하지요? 가령 A형은 소심하고 신중하다, B형이면 성격이 모났거나 도도하다, O형은 친화력이 좋고 적극적이다. AB형은 혼자 있는 것을 좋아하고 천재가 많다 등등의 이야기 말이에요. 저는 청소년 시절 엄청난 열등생이었던 때가 있었는데, 저의 혈액형인 AB형은 천재형이라는 말을 듣고 은근히 좋아했어요. 엄청나게 믿고 싶었죠. 하지만 심리학을 공부하니 전혀 다르더라고요.

어떤 사람은 그 이야기를 철석같이 믿고 곤란한 상황이 있으면 자신이 A형이라 소심해서 그런 것이니 양해해 달라고 해요. 소심해도 그렇게 힘줘서 말해요. 혹은 자기가 B형이니 괜히 건드리지 말라고도 해요. 자기 성격이 모난 줄 알면 고치려고 노력해야 하는데, 그러지 않고 '내 혈액형은 바꿀 수 없으니 내 성격도 바꿀 수 없어, 그러니 네가 알아서 맞춰 줘'라는 식으로 말하지요. 이런 모습을 보면 참 답답해요.

심지어 《혈액형 심리학》이라는 책도 있더라고요. 이상하게 일본과 우리나라 등 아시아에서 특히 혈액형과 성격을 잘 연관시켜요. 하지만 과학적 근거는 없어요. 그런데도 왜 혈액형에 따라 성격이 다르다는 오해가 안 없어질까요?

첫 번째는 이해에 대한 기본 욕구 때문이에요. 사람들은 어떤 상황이든 이해하고 싶어 해요. '아, 이런 것은 이런 이유 때문이군.' 하고 이유를 알아야 마음이 편하죠. 설령 그 이유가 거짓이라고 해도 말입니다. 세상에 큰 사건이 일어났는데, 원인을 알 수 없다고 하면 엄청 불안합니다. 나중에 사실이 아니라고 드러나더라도 일단 원인으로 밝혀지는 것이 있으면 마음을 놓아요. 연쇄살인범 피의자가 잡혔다는 말만 들어도 마음을 놓습니다. 무죄추정의 원칙에 의해 그 피의자가 사실 진범이 아닐 가능성도 생각해야 하고 실제 역사적으로도 누명을 쓴 사람이 많음에도 말이에요. 사람들은 일단 진실보다는 마음의 안정을 더 바라거든요.

상대방이 왜 저런 행동을 하는지, 내가 왜 이런 행동을 하는지 심리학적 지식이 없으니 그 이유를 몰라 불안할 수 있어요. 하지만 간단하게 혈액형으로 이유를 설명할 수 있으니 그것이 거짓이라고 해도 심리적 안정과 편의성 때문에 쉽게 떨쳐 버리지 못하는 거예요.

두 번째는 바넘 효과 Barnum effect 때문이에요. 가령 B형 남자가 평상시에 보이는 모습 중 모난 행동을 한 부분을 염두에 두면서 기억을 떠올리면 어떨까요? 그 특성이 더 과장되어 보입니다. 사람들은 객관적으로 상황을 보기보다는 자신이 보고 싶어 하는 것을 더 집중해서 보는 경향이 있습니다. 이것을 심리학에서는 '바넘 효과'라고 해요.

바넘 효과의 전형적인 예는 신문에 잘 나오는 오늘의 운세나 사주예요. 이런 것들은 애매모호한 말로 쓰여 있어 귀에 걸면 귀걸이, 코에 걸면 코걸이 식으로 해석할 수 있어요. 이렇게 쓰여 있으면 사람들은 저마다 자기가 원하는 방식으로 특정 부분에 집중해서 해석하거든요. 인터넷 성격검사의 모호한 결과 해석을 보면서도 고개를 끄덕이게 되는 것도 바넘 효과 때문입니다. 혈액형에 따라 성격이 다르다는 오해도 전체 묘사 중에 일부 일치하는 특정 부분을 더 과장되게 인식해서 생기는 잘못된 생각이에요.

그래도 혈액형이 뇌에 영향을 주어 성격을 다르게 할 수 있다고 따지는 분도 있어요. 혈액은 우리 몸 구석구석에 영양분을 나르는 역할을 해요. 그러다 보니 뇌에도 혈액이 갑니다. 그러나 혈액형이 다르다고 해서 어떤 영양분은 나르고, 어떤 영양분은 나르지 않지는 않겠지요? 혈액형은 말 그대로 혈관 속을 흐르는 피의 종류를 나눈 것에 불과합니다. 수혈할 때 다른 피를 받으면 응고되어 생명이 위험해지니, 같은 종류의 피를 수혈하기 위해 만든 분류일 뿐이지요.

만약 정말 혈액형에 따라 사람의 성격이 다르다면 어떨까요? 전 세계 70억 인구를 네 가지 혈액형—성격 짝으로 나눌 수 있다는 말이 되겠지요? 그렇다면 약 17억 명이 똑같은 성격을 갖고 있다는 말이 됩니다. 17억 명이 똑같다면 5000만 명이 사는 우리나라는 주변 사람 중 똑같은 성격인 사람이 많겠지요. 정말 그렇다면 우리는 비슷한 성격을 가진 다른 사람을 이해하기 쉬워야 하지 않나요? 그러나 현실은 다르지요?

성격을 빨리 알고 싶다면 그 사람의 혈액형을 물어보지 말고 그 사람을 더 관찰해 보세요. 누군가와 대화하는 도중에 자발적으로 여행을 많이 했거나, 앞으로도 하고 싶어 한다면 개방적인 사람일 확률이 높아요. 가정의 관습대로 가족 여행에 억지로 끌려다녀서 여행을 많이 했다면 폐쇄성이 높은 거고요. 단순히 여행을 많이 했냐, 아니냐가 아닌 것 아시겠지요?

약속 시각보다 일찍 나온다면 성실성이 높은 것이고요. 약속 장소를 정할 때도 가급적 사람이 많은 곳을 선택하려 한다면 외향성이 높은 것이고요. 다른 장소로 이동할 때도 바로 일어나지 않고 어디 가서 무엇을 하나 걱정이 많다면 신경성이 높은 것이고요. 이런 식으로 쉽게 확인할 수도 있어요. 틀릴 가능성도 있지만, 혈액형이나 인터넷 성격검사보다는 훨씬 정확한 정보를 줄 것입니다.

2.

모든 건 다 뇌 때문이야

뇌와 정서

우린 정말 뇌의 10%밖에 못 쓸까?

심리학은 뇌를 다룹니다. 뇌뿐만 아니라 각종 신체 기관도 다루지요. 외부 사건을 눈, 코, 피부 등 신체 기관을 통해 받아들이고 그것을 판단하는 게 바로 뇌거든요. 그리고 사람은 자신의 몸이 피곤할 때와 에너지가 넘칠 때 전혀 다른 심리 상태가 돼요. 여러분도 몸이 피곤할 땐 쉽게 짜증을 내지만, 힘이 넘칠 때는 짜증 낼 만한 일도 그냥 한숨 한 번 쉬고 넘긴 경험이 있을 거예요.

심리학에서는 어린이가 청소년이 되면서 감정이 급격히 변하거나 지적 능력이 변화를 보이는 원인을 호르몬과 뇌에서 찾고, 나이든 사람이 치매 증상을 보이는 원인도 뇌의 변화에서 찾아요. 이 방법은 설문 조사 같은 간접적인 방법이 아니라, 바로 뇌와 신체를 관찰해서 심리학 이론을 더욱 명쾌하게 검증할 수 있도록 해 줘요.

특히 MRI[*], PET[**], SPECT[***] 등 최신 장비를 통해 뇌와 신체를 잘 관찰하게 되어 최근에 더 발전하고 있어요.

뇌과학과 융합한 심리학 연구 덕분에 인간의 뇌에는 최소 1000억에서 1조 개의 뉴런이 있으며, 1초당 뇌에서 만들어지는 신호는 1년간 전 세계 국제 통화의 단어 수보다 1000배 많다는 등의 사실을 알게 되었답니다. 이렇게 심리학이 발달한 요즘에도 뇌에 대한 잘못된 상식은 잘 없어지지 않아요.

가장 대표적인 오해가 바로 우리가 뇌가 가진 능력의 10%밖에 쓰지 못한다는 이야기입니다. 아인슈타인이 사람은 잠재성을 10%밖에 못 쓴다는 말을 했다고도 하네요. 심지어 직접 아인슈타인과 같은 천재들의 뇌를 확인해 봐도 실제로 10%밖에 쓰지 못했다는 말도 있습니다. 그런데 세상에 떠도는 말들이 정말일까요?

모두 역사적으로나 과학적으로 근거 없는 이야기입니다. 위인들이 그런 말을 하거나, 그런 연구가 있다는 문헌이 없어요. 다만, 사람들에게 잠재성이 무한하니 좀 더 분발하라고 교육적 목적으로

---

* 자기공명 영상법. 자기장을 이용하여 몸속 기관에 대해 임의의 단층 상을 얻을 수 있는 첨단 의학 기계, 또는 그 기계로 만든 영상법.
** 양전자 방출 단층 촬영술. 인체의 생화학적 변화를 영상으로 나타내는 핵의학 분야의 새로운 영상 기술.
*** 단일광자 단층촬영. 뇌 관류, 심장 관류, 뼈 대사 등 생화학적, 기능적 상태를 볼 수 있는 방사성 추적자를 투여한 다음 생체 내 분포를 단층 영상으로 얻는 검사.

말하는 사람이 많아서, 이런 잘못된 믿음이 없어지지 않는 것 같아요. 그렇다면 우리는 뇌의 몇 %나 쓰고 죽을까요? 20%? 30%?

모두 틀린 답입니다. 인간은 자신의 뇌를 전부 다 쓰고 죽어요. 그리고 만약 우리가 뇌의 일부분만 쓴다면 어떻게 될까요? 사고로 인해 뇌의 일부분이 작동하지 않는 환자처럼 문제 행동을 일으키거나 치매 환자처럼 심각한 상황에 부닥치게 됩니다.

이해가 잘 안 된다고요? 만약에 뇌의 10%만 사용한다면 왜 사고가 나서 뇌를 다치면 사람의 상태가 갑자기 변할까요? 일단은 안 쓰던 뇌 부위가 다칠 확률이 높고, 운이 나빠 활발히 사용하던 10%를 다치더라도 나머지 안 쓰던 90% 부분 중 10%를 새롭게 활용해서 곧 정상이 될 수 있을 텐데 말입니다. 사고당할 때 원래 쓰던 뇌의 10%에 손상 부위가 집중될 기막힌 우연이 전 세계적으로, 역사적으로 예외 없이 되풀이될 때만 이 현상을 설명할 수 있습니다.

우리는 잠을 자고 있을 때조차 뇌가 활발하게 움직입니다. 심지어 쉴 때도 이것저것 뜬금없는 생각이 마음을 채웁니다. 뇌의 어느 한 부분만 활성화되는 것이 아니라, 어떤 정보를 처리하느냐에 따라 각기 다른 부위가 활성화됩니다.

자리에 앉아 상대방과 이야기를 나누는 상황을 예로 들어 볼까요? 일단 대화하기 위해 상대방을 봐야겠지요? 그리고 상대방이

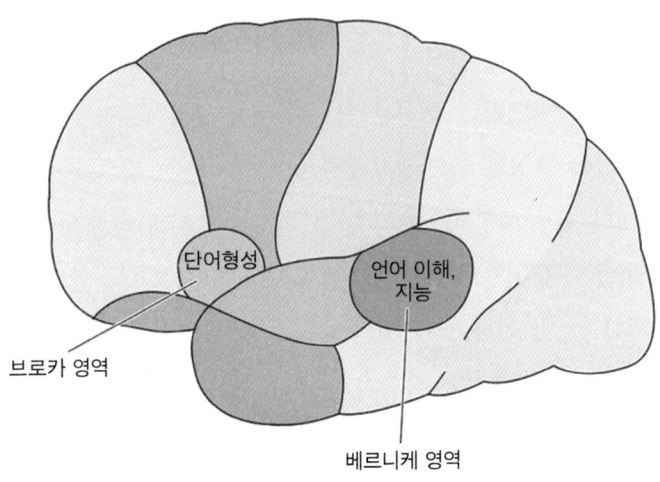

단어형성

언어 이해,
지능

브로카 영역

베르니케 영역

묘사하는 상황을 이해하려면 상상해야겠지요? 뭔가를 보거나 상상할 때는 머리 뒤통수에 해당하는 후두엽이 활성화됩니다. 뒤통수에 갑자기 큰 충격을 받으면 "뭔가 번쩍했다"고 하는 이유도 후두엽의 시각 정보를 처리하는 뉴런들이 자극받았기 때문이에요. 다른 사람의 말을 이해하려고 할 때는 브로카Broca 영역이라는, 뇌의 앞부분에 가까운 쪽이 활성화됩니다. 그리고 말을 할 때는 뇌의 옆 부분인 측두엽과 뇌의 중간 부분인 두정엽이 만나는 베르니케Bernike 영역이 활성화됩니다. 복잡하다고요? 네, 맞아요. 다른 사람과 마주 앉아 그 사람이 말하는 모습을 보면서 자신이 수다를 떨 때도 이렇게 뇌의 다양한 부위가 고루 활성화됩니다. 그런데 우리가 뇌의 10%만 쓴다니요. 말도 안 됩니다.

우뇌형 인간이 따로 있을까?

좌뇌형 인간이니 우뇌형 인간이니 하는 것도 틀린 말입니다. 물론 인간에게는 좌뇌와 우뇌가 있습니다. 뇌의 가장 겉면에 해당하는 대뇌피질은 독립된 좌뇌와 우뇌로 이루어져 있습니다. 그리고 그 두 반구는 가운데 차가 지나다니는 다리의 역할을 하는 뇌량으로 연결되어 있지요. 이 뇌량 덕분에 정상인들은 좌뇌 우뇌 두 반구의 차이를 느끼지 못합니다.

하지만 간질 환자의 경우 병을 치료할 목적으로 뇌량을 절개하는 수술을 받습니다. 좌뇌와 우뇌를 억지로 교류되지 않게 끊어놔서, 뇌의 부위가 동시에 활성화되어 일어나는 간질을 막으려는 거지요. 수술받은 간질 환자는 정상인에게서 볼 수 없는 특이한 행동을 보여 줍니다. 왼쪽으로 보여 준 사물을 오른쪽 뇌가 처리해서 무엇인지는 아는데, 그 사물이 무엇인지 좌뇌가 언어로 표현하지는 못하거든요.

간질 환자뿐만 아니라 사고당한 환자를 비교 연구한 결과, 좌뇌와 우뇌의 역할이 각각 다르다는 사실이 확인되었어요. 좌뇌는 읽기, 쓰기, 말하기, 수학적 추리와 관련 있는 뇌입니다. 즉 좌뇌는 주로 언어적 측면을 담당합니다. 이에 비해 우뇌는 비언어적인 작업이나 공간지각, 추상적인 생각 등과 관련이 있다고 심리학 연구 초기에는 확인되었어요. 그래서 그 연구와 관련된 글을 본 사람들이 창의적 생각을 많이 하자는 취지로 "우뇌형 인간이 되자"는 말까지 생겼지만 심리학적으로는 전혀 앞뒤가 맞지 않아요.

사람들은 현상을 이분법적으로 범주화하는 것에 익숙합니다. 좋은 사람 아니면 나쁜 사람, 유용한 것이 아니면 해로운 것 등등. 왜냐하면 이분법적으로 사고하면 상황을 단순하게 볼 수 있어 마음이 편해지기 때문이죠. 하지만 그렇게 단순화하다 보면 상황을 왜곡해서 이해할 위험이 있어요. 좌뇌형 인간, 아니면 우뇌형 인간이라고 하는 분류도 인간의 다양성을 인정하기 귀찮아하는 이분법적 사고 때문에 나온 것일 뿐이에요.

좌뇌와 우뇌의 차이에 대해서 노벨상을 받을 정도로 훌륭한 연구를 한 로저 스페리Roger Sperry 조차 좌뇌형 인간과 우뇌형 인간으로 나누는 것은 반대할 것입니다. 왜냐하면 그가 말하고 싶었던 것은 인간의 뇌 각 부위에서 일어나는 인지처리의 오묘함이지, 단순함은 아니니까요. 나중에 인터넷에서 '분할뇌split brain' 연구를 찾아보세요. 스페리 박사가 논문을 발표한 것은 1966년이었지만, 불과 얼마 전까지만 해도 좌뇌형 인간이나 우뇌형 인간이라는 용어조차 없었어요. 최근에 마치 새로운 과학적 개념인 것처럼 포장해서 사람들을 현혹하려는 상업적 논리에서 나온 말이에요.

실제 뇌 연구 분야는 해마다 연구 결과가 엎치락뒤치락한다 해도 과언이 아닙니다. 좌뇌는 언어와 논리, 우뇌는 공간지각과 추상화를 담당하는 것으로 딱 나뉘지 않습니다. 우뇌에도 언어와 논리를 담당하는 기능이 있습니다. 단지 세부적이고 지엽적 정보처리는 좌뇌가 비교적 우세합니다. 그리고 전체적 정보처리는 우뇌가 다소 우세하지요. 사고로 좌뇌를 거의 잃은 사람도, 남아 있는 우뇌를 작동해 언어처리와 공간지각 등 일상생활을 거의 정상적으로 합니다. 만약 우뇌와 좌뇌 역할이 엄격하게 구분된다면 좌뇌가 없는 사람은 언어처리를 아예 못 해야겠죠. 하지만 이것 역시 어떤 과제를 주느냐에 따라 뒤바뀔 수도 있어요. 그래서 생리심리학을 공부하는 사람들은 힘든 만큼 뇌의 신비를 알아나가는 재미를 느끼고 있습니다.

좌뇌와 우뇌가 담당하는 정보처리 영역이 엄격히 구분되어 있다고 생각했지만, 반대편 뇌에서도 어느 정도 비슷한 정보처리를 하고 있다는 게 많이 밝혀졌습니다. 진화심리학은 생존을 주요 목적으로 뇌가 진화하다 보니 생긴 결과라고 생각하고 있습니다. 뇌의 실제 처리 방식과 진화의 흐름을 무시하고 우뇌 등 특정 부위를 왜곡해서 쓰자는 주장은 뇌의 잠재성을 오히려 죽이는 위험한 선택입니다.

10%만 쓰는 뇌, 우뇌형 인간 이야기를 들으니 어떠세요? '내가 지금 노력을 안 해서 그렇지……, 노력만 하면 뇌의 100%를 써서 크게 성공할 거야'라며 자신을 보호했던 방어막이 없어진 느낌도 들지요? 하지만 뇌의 비밀을 알면 더 노력하게 된답니다. 뇌는 쓰면 쓸수록 뇌세포가 더 잘 연결되면서 더 좋은 결과를 얻을 수 있답니다. 이게 아무리 노력해도 전체 잠재성의 10%만 쓴다는 의미는 아니에요. 지금 잠재성을 발휘해서 최선을 다하면 앞으로도 최선의 결과를 얻기 쉽다는 의미지요.

완전한 우뇌형 인간이 되려고 노력했던 분은 자신도 모르는 사이에 좌뇌의 도움을 받아 왔음을 알게 되어 허탈하신가요? 아닐 거예요. 도움의 손길이 항상 있음을 알게 되셨으니 더 편하게 노력하시면 돼요. 단, 비과학적인 사기에 속는 피해자가 되지 마시고, 개인적으로 책이나 동영상을 구해서 다양한 창의성 퍼즐을 풀면서 뇌를 단련하면 됩니다.

청소년의 뇌에서는 어떤 일이 벌어질까?

청소년의 뇌는 어떤 모습일까요? 뇌 관련 오해보다 이게 더 궁금하지 않으세요? 제가 뭉뚱그려서 청소년이라고 했지만, 여러분 자신과 친구를 한번 떠올려 보세요. 행동 방식과 정서 상태가 참 제각각이죠? 같은 사람도 수시로 행동과 마음이 변하지 않아요? 불과 몇 개월 전에 자랑스러워하던 행동도 지금 떠올리면 이불킥 하면서 얼굴이 벌게지지 않나요? 중년인 지금도 청소년기 제 행동을 생각하면 저는 그렇답니다. 에휴.

청소년들이 변덕스럽게 행동하는 건 뇌가 계속 발달할 뿐만 아니라 뇌 영역별로 발달 속도와 시기가 다르기 때문이에요. 특히 청소년기에는 각종 호르몬이 왕성하게 분비되어 뇌의 상태가 변화무쌍해요. 호르몬은 화학 시간에 배운 촉매와 같은 역할을 해요. 안정적인 A, B라는 물질이 있는데 촉매와 접촉하면 놀라운 화학 반응이 벌어지며 전혀 다른 성질을 띠는 실험을 본 적 있지요? 호르몬은 뇌의 각 부위에 분비되면서 그런 촉매 역할을 하기 때문에 뇌 활동에 영향을 줘요.

특히 호르몬의 변화는 뇌의 감정 처리 영역에 강한 자극을 줘요. 그래서 활달했다가도 갑자기 우울해졌다가 분노를 표출했다가 차분해졌다가 하는 식으로 다채로운 모습이 되지요.

하지만 호르몬의 영향으로 일어나는 청소년의 일관된 모습이 있어요. 뭘까요?

혹시 야한 생각을 답으로 생각한 친구가 있다면 실망할 거예요. 청소년기에 늦잠을 자는 친구가 많아요. 수면 호르몬인 멜라토닌이 점점 늦게 분비되면서 수면, 각성 리듬에 변화가 생겨 늦게까지 잠을 못 이루기 때문이에요. 물론 여성은 에스트로젠, 남성은 테스토스테론이라는 성호르몬이 각각 활발하게 분비되면서 성에 대한 관심과 성적인 행동을 하게도 되지만, 늦잠처럼 모든 청소년에게 나타나는 현상은 아니에요. 뇌는 늦잠을 자게 되었는데, 억지로 일찍 깨서 움직여야 하니 힘든 건 당연하겠지요?

청소년기에는 뇌의 앞부분인 전두엽이 발달해요. 마블 캐릭터인 '비전'의 이마에 인피니티 스톤이 박힌 부분을 떠올리면 좋아요. 전두엽은 선택과 판단을 할 때 이성적인 나침반 역할을 해요. 또 계획하는 기능을 담당하기도 해요. 규칙을 응용하거나 계획적 행동을 가능하게도 하지요. 초등학교 때에는 무조건 시간과 노력을 들여 공부했다면, 청소년기 이후에는 이 전두엽 부분이 잘 발달해야 학습을 잘 계획해서 효과를 더 거둘 수 있어요.

그런데 전두엽이 손상되면 어떻게 될까요? 계획을 세우거나 새로운 것을 학습하는 능력이 떨어져요. 이성적 판단을 잘 못 하니까 주변에서 피드백을 받아도 제대로 처리하지 못해요. 계획적 행동을 하면서 변화에 적응하는 것도 힘들어지지요.

대부분의 성인은 청소년보다 경험을 많이 해서 전두엽이 더 발달한 상태예요. 그래서 어떤 일이 터졌을 때 감정적으로 대응하지 않고 차분하게 판단하는 어른이 많지요. 운동 경기장에 응원하러 와 놓고는 선수에게 주변 눈치 보지 않고 막 욕하는 어른을 보면 믿지 못할 이야기겠지만요. 쩝.

전두엽이 덜 발달하면 어떤 행동을 멈추거나 제동하는 억제 능력도 떨어져요. 지금부터 하는 이야기를 주의 깊게 들어야 해요. 뇌의 억제 영역은 12~18세 사이에 성인 수준으로 발달해요. 그래서 길 가다가 '아, 오줌 누고 싶다' 해서 길에서 쉬를 하거나, 낯선 사람들이 있는 공개된 장소에서 방귀를 맘껏 시원하게 뀌지는 않아요.

이렇게 뇌의 억제 영역은 발달해 있지만, 판단하는 전두엽은 완전히 발달해 있지 않아서 아직 어떤 일들에 대해서는 억제하지 못하기도 해요. 수업 시간에 일어나 돌아다니면 안 된다는 걸 알지만, 그렇게 하면 다른 친구들에게 방해되고 선생님도 불쾌해할 수 있어 얼마나 나쁜지는 제대로 판단하지 못하죠. 특히 자신이 아직 겪어 보지 못한 상황, 예기치 않은 상황에서는 전두엽의 힘으로 이성적 억제를 하지 않고 감정의 지배를 더 많이 받아요.

청소년의 감정도 뇌로 설명할 수 있을까?

감정에는 일차적 감정과 이차적 감정이 있어요. 일차적 감정은 기쁨, 슬픔 등 환경에 대한 직접적 반응을 말해요. 이 반응은 편도체와 관련이 있어요. 소설 《아몬드》(손원평, 2017, 창비)의 주인공은 편도체에 이상이 있어요. 그래서 기쁨과 슬픔을 느끼지 못하고 표현도 잘 못 하지요. 소설 제목이 '아몬드'인 이유는 편도체가 아몬드 모양과 비슷하기 때문이에요. 소설에서는 편도체와 모양이 비슷한 아몬드를 먹으면 편도체가 나아질 것으로 생각한 엄마가 아몬드를 계속 먹이려는 장면도 나와요. 엄마의 간절함 바람은 '편도체가 있는 저는' 정서적으로 이해하지만, '전두엽도 있는 저는' 이성적으로는 해서는 안 되는 행동이라고 말할 수밖에 없어요.

《아몬드》는 주로 일차적 감정을 다뤄요. 하지만 편도체에 이상이 있으면 이차적 감정도 문제가 있을 확률이 높아요. 이차적 감정은 학습된 감정이에요. 즉 하얀 상복을 입은 사람을 보고 '아, 깔끔한 흰색 패션이군.'이라고 생각하는 게 아니라, '누군가 죽어서 슬픈 상황이군.' 하면서 슬픔을 느끼는 식으로요. 이차적 감정은 편도체, 기저핵, 전두엽 등 광범위한 뇌의 상호작용으로 만들어져요. 《아몬드》를 보면 감정을 잘 느끼지 못하는 주인공이 담담하게 감정적인 사건들을 중심으로 이야기해요. 요리에 관심이 없다는 사람이 요리와 관련된 사건들을 차분히 관찰하고 평가하며 이야기는 것처럼.

소설 분량상 감정적이지 않은 사건에 대해서도 주인공이 어떤 반응을 보이는지 다 다루지 못하니 작가도 어쩔 수 없었겠지요. 본능적인 감정과 학습된 감정 모두 이상 있는 사람이라면, 특히 감정적인 사건들에 집중해서 이야기할 필요를 느끼지 못하거든요. 뇌가 손상되어 중증 치매에 걸린 사람이 자신이 치매라면서 치매 증상이 나타나는 상황에 대해 자세히 설명할 수 없는 것처럼 말이죠.

저는 《아몬드》의 주인공을 보면서 태생적으로 뇌에 이상이 있는 청소년이 아니라, 일상에서 보는 일부 청소년의 모습을 더 많이 생각했답니다. 슬픈 일도, 기쁜 일도 느끼지 말고 공부나 열심히 하라는 말을 들으며 자라, 감정 이해는 물론 표현도 제대로 못 하는 일부 청소년. 소설 속 주인공을 대하는 사회 상황처럼 그런 청소년이 극소수가 되기를 바라며 읽으니 나름 좋았어요.

이제 소설 주인공이 아니라 뇌 이야기를 더 해 볼까요? 편도체는 앞서 말했듯이 일차적 감정과 이차적 감정 모두에 중요한 역할을 해요. 이뿐만 아니라 뭔가를 하고 싶어 하는 동기에도 영향을 미쳐요. 그래서 자신이 하려는 일에 대해서는 긍정적인 감정을 함께 느끼지요. 억지로 남이 시켜 동기가 낮은 일에 대해서는 부정적인 감정을 느끼고요.

심리학에서는 감정이 뇌에 전달되는 방법을 두 가지로 봐요. 하나는 편도체로 직접 전달되는 거예요. 뇌가 진화될 때 전두엽, 측두엽 등 대뇌피질은 나중에 만들어졌고, 편도체가 먼저 있었기 때문에 지금도 이 정보처리 경로가 있는 거예요.

다른 하나는 감정이 피질을 거쳐 전달되는 거예요. 안와전두피질은 감정적 결정과 관련된 모든 뇌 영역과 연결되어 있는데, 이 영역이 손상되거나 덜 발달하면 신중하게 행동하지 못하고, 위험하고 충동적인 행동을 하게 돼요. 청소년에 대해서 부정적으로 묘사할 때 많이 들어 본 이야기죠?

안와전두피질이 제대로 작동하지 못하면 장기적으로 유리한 선택을 못 하고, 눈앞에 있는 좋다고 생각하는 것에 더 많이 마음을 빼앗겨요. 이성적으로는 '나중을 위해 공부해야 한다'고 결심해도 감정적으로는 '지금은 이게 너무 좋아'라며 노는 것처럼, 금방 후회할 문제 행동을 벌이지요.

그리고 아까 이차적 감정에 기저핵 역할이 있다고 했던 말 기억하시지요? 기저핵은 뇌의 쾌락 중추예요. 그 안의 보상체계인 측좌핵이 불확실한 보상에 대한 기대에도 아주 많이 활성화된답니다. 어른도 나중의 건강을 생각하기보다는 지금 당장 쾌락을 주는 음주와 흡연을 해요. 그런데 청소년은 전두엽이 덜 발달하여 죄책감 없이 쾌락에 더 몰두하거나, 감정적으로 좋으니 다 좋다는 식의 합리화를 하게 된답니다.

청소년이 불공평한 대우를 받으면 더 과격한 반응을 보이는 것도 뇌로 설명할 수 있어요. 개인적인 공정함에 대한 판단은 감정적 영역이 활성화되고, 사회적인 공정함에 대해서는 전두엽 등의 인지적 영역이 더 많이 활성화돼요. 선생님이 자신을 차별한다고 생각하거나, 부모님께 용돈을 받는 것이 정당하다고 생각했는데 받지 못하거나, 당연히 배려해 줄 줄 알았는데, 그러지 않은 경우에는 감정적으로 반응하게 됩니다. 심장 박동과 호흡이 달라지지요. 그런데 사회적인 불공정에 대한 것은 이성적으로 논리를 대려고 오히려 차분해지려고 노력합니다.

창의성이 살아 있는 청소년의 뇌

지금까지 이야기를 살펴보면 청소년기의 뇌는 미성숙하고 문제가 많다고 이해할 수도 있어요. 하지만 핵심은 그게 아니라 어른과 다른 뇌라는 거예요.

즉, 여러분은 사고가 굳어지고 감정이 굳어진 존재가 아니에요. 어른이 감정적으로 반응하기 힘든 영역에 대해서도 뭔가를 느껴

랩이나 그림, 유튜브 동영상으로 표현할 정도로 청소년기는 창의성이 활발히 발산되는 시기예요.

성공한 벤처 창업자들이 대학을 그만두거나, 기존의 안정적 직장을 때려치우고 일단 저질렀다는 사례는 많이 들어 보셨지요? 그런 식으로 위험을 감수하는 도전도 청소년과 비슷한 심리 상태 덕분이에요. 이성적 분석보다는 직관을 더 따르기도 했고요.

스포츠와 예술에서 청소년기에 재능이 폭발하는 것도 뇌가 아직 특정 패턴으로 굳어지지 않고 활발하게 움직이기 때문이에요.

저는 누가 봐도 중년에서 노년으로 넘어가는 외모를 가지고 있어요. 하지만 뇌는 청소년기에 머물고 싶어 일부러 다양한 도전을 하고 사물도 다르게 보고 다른 것을 느끼려 노력합니다. 청소년기에는 노력하지 않아도 당연히 되지만, 저는 많이 노력해요. 왜 그러냐고요? 창의성을 잊지 않기 위해서예요.

청소년 여러분은 시스템에 억눌려 제대로 표현을 못 하는 경우가 많지만, 뇌 안에서는 엄연히 열심히 움직이고 있는 그 창의성이요. 없다고요? "창의적 드립"을 치거나, 그런 드립을 "창의적이다"라고 이해할 때 발휘되는 능력은 그럼 뭐죠?

청소년기는 타인의 행동을 보면 활성화되는 거울 뉴런이 매우 민감한 시기예요. 그래서 누구와 어울리느냐에 따라 전혀 다른 감정을 느끼고 생각을 하게 되지요. 거울 뉴런은 꼭 함께 어울려야만 활성화되는 건 아니에요. 동영상을 봐도 활성화된답니다. 여러분이 되고 싶어 하는 역할 모델의 행동을 많이 보려고 노력하세요. 저도 청소년처럼 행동하는 어른, 혹은 청소년들의 창작 활동을 많이 보려고 노력하거든요.

거울 뉴런은 진지하게 성숙해지는 데만 도움이 되는 것은 아니에요. 다른 사람의 행동을 거울처럼 그대로 복사할 수 있는 능력이 있어서 한 번 보고도 쉽게 따라 할 수 있습니다. 춤이나 노래 등이요. 어른들은 엄청 헷갈리고 굼뜨잖아요. 하지만 청소년기에는 신조어나 예능을 쉽게 따라 하지요. 그러면서 소소한 행복을 누리기도 해요.

감정은 차분한 생각을 멈추게 하는 것으로 이해해서 나쁜 것처럼 많이 오해해요. 하지만 감정 그 자체는 나쁘지 않아요. 우리는 감정을 통해 자신의 상태를 풍부하게 표현할 수 있으니까요. 감정을 통해 빨리 판단해서 이득을 보기도 합니다. 예를 들어 어떤 사람을 만나는 경우 그냥 '왠지 싫어서' 피합니다. 그런데 나중에 알고 봤더니 그 사람이 실제로 나쁜 짓을 하기도 해요.

감정을 심리학의 뇌 연구 입장에서 이해하면 참 유용해요. 흔히 화를 내면 풀린다는 표현을 씁니다. 하지만 화를 너무 내면 뇌가 흥분해서 정상적인 상태로 되돌아오는 데 시간이 오래 걸립니다.

어른들이 마시던 술잔을 났다고 해서 즉시 술에서 깨 정신이 말짱해지지 않는 것처럼 말이에요.

화를 낼수록 뇌는 더 민감해지니 화를 시원하게 풀라는 말보다는, 화나는 일을 잊을 만한 다른 몰입 대상을 찾는 게 더 효과적인 처방임을 알 수 있어요. 예술가들은 자신이 화나는 대상을 풍자하는 그림이나 작품을 만들기도 하잖아요. 웃으면서. 화 자체를 억지로 누르는 것도 아니고, 일단 인정하되 다른 방식으로 푸는 거죠. 뇌가 더 긍정적인 상태가 되도록.

표정으로 드러나는 우리의 감정

인간의 감정을 뇌와 연결 지어 이야기하는 학자는 많답니다. 대표적인 사람이 폴 에크먼Paul Ekman 박사예요. 애니메이션 영화 〈인사이드 아웃〉을 제작할 때 심리학 자문을 해 준 사람이기도 해요. 그래서 영화 장면을 보면 인간의 뇌 부위 감정통제 센터에 기쁨이, 소심이, 투덜이 등이 들어가 아웅다웅하는 장면이 나오게 되었지요. 영화 속에서는 어린이의 이해력과 캐릭터 구현 가능성을 고려해서 다섯 가지 감정 요소만 보여 줬지만, 에크먼은 학문적으로 인간의 정서를 행복, 놀람, 슬픔, 분노, 혐오, 경멸, 두려움의 여섯 가지로 나누었습니다.

에크먼은 정서와 안면 근육 사이에 신경회로가 연결되어 있다고 주장해요. 그래서 특정한 정서 체험을 하면 그에 해당하는 표정이 만들어지게 돼요. 그리고 이 표정은 나라나 문화와 상관없이 보편적입니다. 그래서 미국에서 표정 사진을 실험 참가자에게 보여 주고 이 사진의 주인공이 어떤 기분일 것 같으냐고 물어본 결과나 한국에서 실험한 결과나 동남아시아 섬나라에서 실험한 결과나 다 비슷하게 나온답니다.

정서와 안면 근육이 연결된 것을 심리치료에 활용할 수도 있어요. 사람을 기분 좋게 하려면 안면 근육을 웃을 때처럼 만들어 주면 됩니다. 기분 좋아서 웃는 것이 아니라, 웃게 하면 기분 좋아지는 거지요. 정서와 안면 근육은 연결되어 있어서 상호작용하면 이런 변화가 가능하답니다.

좀 다른 이야기인데 에크만은 표정에 대한 연구를 계속해서 거짓말을 가려내는 기술까지 연구했어요. 거짓말을 할 경우 표정에 미세한 변화가 일어나게 되어 있다고 주장하죠. 거짓말할 때 사람들은 거짓말이 나쁜 것이라는 생각에 불편한 감정이 들어요. 순진한 사람은 얼굴이 새빨개지거나 눈을 불안하게 움직이거나 말하면서 입술 주변이 파르르 떨리기도 하지요.

물론 진짜 무서운 것은 그런 티를 내지 않는 능숙한 거짓말쟁이지요. 능숙한 거짓말쟁이의 경우 불안한 감정을 위장하기 위해 번지르르한 미소를 가면으로 사용하기도 해요. 그래서 너무 기분 좋게 웃으면 사기꾼 같은 미소라고 말하는 경우가 있지요.

거짓말쟁이가 아무리 환한 미소를 보인다고 하더라도 거짓 미소인 것은 어쩔 수 없어요. 진짜 기뻐서 웃음을 지을 때는 입뿐만 아니라 눈가의 근육까지 움직여서 웃어요. 덕분에 눈이 가늘어지는 것 같이 보이지요. 하지만 억지웃음은 입만 웃어요. 아까 말한 웃음 치료도 눈까지 웃으려 노력해야 더 효과가 있답니다.

그런데 진짜 무서운 거짓말쟁이는 거짓 미소를 짓는 사람이 아니에요. 자신이 진짜라고 믿어서 진짜 웃는 사람이지요. 사이비 교주 중에는 남을 속이기 전에 자기 자신이 곧 신이라고 진짜 믿는 경우도 있어요. 사기꾼 중에는 경찰에 잡혔을 때 죄책감을 느끼는 것이 아니라, "진짜 억울한 누명을 썼다"며 눈물까지 보이기도 합니다.

좀 찝찝한 이야기이지만, 여러분도 거짓말을 하다가 자신의 이야기에 몰입해서 진짜 그 감정을 느낀 적이 없나요? 고백하자면 저는 있었습니다.

중학교 때 학교에 가기 싫어 부모님께 선생님이 나를 때린 이야기를 꾸며서 하는데, 정말 서러운 거예요. 울먹이는 저를 달래는 부모님은 학교에 전화했습니다. 결국 진실은 드러났고, 등교 후 선생님에게 진짜로 맞았습니다. 꿈만 이뤄지는 게 아니라, 거짓말도 이뤄지더라고요.

뇌는 똑똑하지만 똑똑하지 않다

뇌는 창의성을 만들어 내고 엄청난 정보를 저장할 정도로 굉장히 똑똑합니다. 하지만 자기가 만든 거짓과 진실을 완벽하게 구별하지 못하기도 해요. 분명히 허점이 있는데도 믿습니다. 유리컵인데도 사람의 얼굴인 것처럼 보게도 됩니다. 멈춰 있는 그림을 움직이는 것처럼 해석하기도 해요. 유명한 미술가 모리츠 코르넬리스에서 작품 속의 천사와 악마가 공존하는 그림도 뇌가 쉽게 빠지는 허점인 착시를 이용한 거예요.

그림을 자세히 보면 천사와 악마 얼굴이 있는 부분과 없는 부분이 있지만, 모두 천사와 악마의 얼굴이 있는 것처럼 대충 보지요. 그리고 악마의 얼굴에 집중하면 천사 모습이 배경으로 획 사라지고, 천사의 모습에 집중하면 악마 부분이 배경으로 느껴집니다. 동시에 두 개를 볼 수 없어요. 재빠르게 스위칭해서 번갈아 볼 수는

에셔, 〈천사와 악마〉, 1941

있지만요. 뇌는 이렇게 한 번에 하나씩만 처리할 정도로 똑똑하지는 않답니다.

어떤 사람을 보고 가슴이 뛰면서 좋아한다고 느끼지요? 이 점을 이용해, 놀이공원에서 롤러코스터를 타거나 높은 다리를 건너게 해서 가슴이 뛰게 해서 좋아한다는 감정을 만들 수 있어요. 캐나다의 사회심리학자 도널드 더턴Donald Dutton과 아서 에런Arthur Aron이 실험으로 사람들이 높은 흔들다리를 건너게 했을 때 상대방을 더 매력적으로 평가하고 좋아하는 감정이 더 생긴다는 것을 증명했답니다. 뇌는 공포에 의한 떨림과 좋아함에 의한 떨림의 차이를 구별하지 못해요.

뇌의 특성을 이해하면 좋은 선택을 할 수도 있습니다. 흔히 성장하려면 시간과 경험이 필요하다고 생각합니다. 그런데 성숙한 행동을 하는 데 전두엽의 역할이 중요하다는 것을 이해했다면 전두엽을 발달시키려 노력하는 게 더 효과적이지 않을까요? 전두엽이 담당하는 미래 계획이나 도덕적 판단과 관련된 문제를 피하지 말고 적극적으로 해결하려고 해야 해요. 처음에는 잘 안 되더라도 말이에요. 뇌는 쓰면 쓸수록 활성화되어 더 좋아진답니다. 뇌의 앞부분을 안 쓰면 소유욕이 강해지고, 이성적 판단을 못 하니 본능에 집착하거나 감정에 너무 많이 휘둘릴 수 있어요.

3.

게임처럼 한 단계씩 밟아 가는 우리의 사춘기

성장

무엇이 자아 정체성을 만들까?

청소년기에는 '자아'에 대한 고민이 많습니다. 자아 정체성이 확립되기 시작하는 시기라 고민은 수시로 머릿속을 채웁니다. "나는 누구? 여긴 어디?"라는 농담처럼…….

자아 정체성이라고 하면 힘들지요? 자아 정체성이란 '나는 누구인가'라는 질문에 대한 답을 모은 것입니다. 이 질문이 더 힘들다고요? 그러면 비교적 쉬운 방법인, 에릭 에릭슨Erik Homburger Erikson의 심리학 이론을 통해 자아 정체성을 이해해 볼까요?

현재 일상 용어가 된 자아 정체성self identity이라는 말도 에릭슨이 만든 말입니다. 에릭슨은 씨앗에서 완전히 다른 형태의 나무로 성장하는 식물처럼 인간은 단계별로 성장하며 전혀 다른 수준의

존재가 된다고 주장했습니다. 여러분의 과거를 떠올려 보세요. 응애 응애 울던 돌 사진 속 아기를 보면 지금 청소년의 모습과 매우 다르지요? 물론 아기 피부와 아기 얼굴의 큰 변화 없이 자란 사람도 있겠지만 어쨌든 아기 때의 모습과는 키나 체중이 엄연히 다르고 무엇보다도 그때와는 마음과 행동이 다를 거예요.

에릭슨은 바로 그 변화에 주목했어요. 그리고 어떻게 하면 올바르게 자아 정체성이 성장할까에 대한 답을 찾았지요. 많은 사람이 성장을 잘하려면 좋은 일을 많이 겪어야 한다고 생각합니다.

하지만 에릭슨은 좋은 일과 나쁜 일 모두를 겪으며 각각 다른 심리 상태를 경험하는 것으로 미덕을 얻게 되고, 그 미덕을 갖추면서 인간은 성장한다고 주장했어요. 신체적으로 나이가 들었어도 정신적으로 그 미덕을 갖추지 못하면 흔히 "나잇값 못 한다"는 말을 듣는 미성숙한 인간이 되는 것이지요.

지금도 큰 영향을 끼치는 에릭슨의 이론을 구체적으로 살펴볼까요? 아기가 태어나서 한 살까지는 절대적으로 어머니, 혹은 어머니와 같은 존재 조부모, 친척, 간호사 등가 필요해요. 왜냐하면 젖이나 우유를 먹지 못하고, 보살핌을 받지 못하면 생존 자체가 불가능하니까요. 갓난아기는 배가 고프면 울어요. 그러면 어머니 역할을 하는 사람이 와서 젖을 줘요. 그러면 울면 젖을 먹을 수 있다는 믿음, 즉 "신뢰"가 생깁니다. 그런데 울 때마다 즉시 젖을 먹을 수 있는 것도 아니에요. 어머니도 지치고 졸려서 제때 오지 못하는 경우가 있거든요. 그러면 "불신"도 생깁니다. 살면서 신뢰와 불신을 경험하게 되지요. 그러면서 "희망"이라는 미덕을 얻게 됩니다.

희망이 무엇인가요? 원하는 일을 못 이룰 수도 있지만 그 일이 생기기를 바라면서 기다리는 마음이지요? 그런 희망의 미덕을 갖춰서 절망스러운 일, 힘든 일을 당해도 버텨 내게 됩니다.

에릭슨 이론에서 중요한 포인트가 있어요. 신체적으로 일정한 나이가 되어도 게임처럼 앞 단계의 과제를 제대로 완결하지 못하면 성숙한 미덕이라는 아이템을 얻지 못한다는 점. 즉 청소년이 되었어도 신뢰와 불신을 오가면서 마음을 담금질하지 못했다면 희망이라는 미덕을 얻지 못한 채 나이 들었을 수도 있어요.

부모님이 잘해 준다면서 과잉보호를 하고 원하는 것을 척척 얻을 수 있다는 믿음을 갖게 된 학생이 있다고 상상해 봅시다. 나이가 들수록 부모님이 해결해 줄 수 없는 스트레스 받는 일이 많아지고, 그 일을 이겨낼 희망을 갖지 못하고 절망에 빠졌다면? 이 경우도 에릭슨의 이론으로 설명할 수 있겠지요?

알아서 잘할 게요-영·유아기

이제 두 번째 단계예요. 한 살부터 세 살까지는 어떤 변화가 있을까요? 이때 가장 두드러지게 많이 하는 말이 뭘까요? "동영상 보여 줘."일 수도 있어요. 하지만 "내가 할 거야."라는 말도 많이 하지요. 기저귀도 스스로 차겠다고 하고, 숟가락질도 스스로 하겠다고 해요. 즉 "자율"의 마음이 생겨요.

그런데 도전할 때마다 성공하지는 않습니다. 기저귀를 잘 못 차서 용변이 옆으로 새기도 하고, 숟가락질하다가 식탁을 지저분하게 하지요. 그러면서 "수치심"도 경험해요. 그 수치심에서 벗어나고 자율의 즐거움을 더 느끼기 위해 노력하면서 "의지"라는 미덕을 얻게 되고요. 대충 기저귀를 차거나 벗, 대충 숟가락질을 하지 않고 잘하려는 의지 말입니다. 그리고 그 의지의 힘을 직접 느끼게 돼요.

자율적으로 일하면 자유롭고 좋다는 것을 세 살 아기뿐만 아니라 청소년도 알아요. 그래서 어른에게 "지금 내가 알아서 잘하려고 하니까 그냥 좀 놔둬! 꼭 잘할게!"라고 큰소리 뻥뻥 쳐요. 그런데 결과가 좋지 않으면 수치심을 느끼지요. 그런데 '의지'가 아니라 "아, 난 뭘 해도 안 돼." 하고 포기한다면 제대로 성장한 게 아니에요. 실패했다면 왜 실패했는지 분석해서 그 원인을 반복하지 않으려고 다시 도전하는 게 의지거든요. 어른 중에도 이 단계에 멈춰 있는 경우가 많아요.

세 번째 단계는 네 살부터 여섯 살까지 주로 보이는 발달 변화예요. 이 시기에는 세상에 대한 자신감이 있어요. 서툴게 걷던 아기 때와는 달리 달리고 구르는 등 몸을 움직이는 것에도 익숙해지고, "어머, 네가 이런 걸 어떻게 아니?"라는 말을 들을 정도로 말이나 생각에 자신감이 생겨요. 그래서 주도적으로 일을 벌이기 시작해요.

주도적으로 새로운 요리를 한다고 주방을 더럽히고, 새로운 놀이를 개발한다며 위험한 행동도 해요. 자율성은 어른이 말한 것을 스스로 해내려는 것이지만, 이 시기에 보이는 주도성은 자기가 새롭게 뭔가를 만들어 내려는 마음이에요. 그러다 보니 거짓말도 잘하고, 말썽도 많이 저지르지요. 여러분은 안 그러셨다고요? 과연 저만 그랬을까요? 부모님이나 조부모님, 친척들에게 여러분이 어땠는지 여쭤보면 얼굴이 화끈거리는 일화들을 말씀해 주실 거예요.

아무튼 거짓말과 말썽 등을 일으키다 보면 혼이 나겠지요. 그러면 "더 치밀하게 준비해서 들키지 않을 거짓말과 말썽을 일으켜야지." 하고 복수심을 키우는 사람도 있겠지만 대부분은 "죄책감"을 느껴요. 죄책감을 느끼지 않고 자신의 주도성을 더 키우며 사회적으로 인정받을 수 있도록 "용기"를 키우게 됩니다. 용기는 앞뒤 안 가리고 달려드는 무모함이 아니에요. 용기 있는 소방관도 안전 장비를 꼼꼼히 챙기고 위험한 곳에 들어가잖아요? 꼼꼼하게 문제점을 생각하고 주도적으로 문제를 해결하려고 노력하는 게 용기예요.

그렇다고 용기를 오해하진 마세요. 청소년이 선량한 의도로 접근하는 선생님이나 다른 어른에게 반항하거나 음주, 폭력 등 나쁜 짓을 주도적으로 벌이는 행동은 용기 있는 게 아니라, 죄책감이 없는 것뿐이에요. 즉 "잘나가는 애"가 아니라 "잘 자라지 못한 애", "아직 미성숙한 아이"일 뿐이지요.

열등감은 성장의 힘-유년기

네 번째 단계는 일곱 살부터 열두 살 때인 유년기의 발달 변화예요. 이때는 정해진 곳에 가서 정해진 일을 하게 돼요. 학교에 가서 정해진 시간에 정해진 공부를 해요. 그래서 이때 "근면성"을 경험해요. 만약 정해진 시간에 학교에 가지 않고 정해진 공부를 제대로 못 하면 "열등감"을 경험하게 됩니다. 그러면서 열등감에서 탈출하기 위해 "능력"의 소중함을 느끼고 능력을 갖추기 위해 노력하지요.

열등감을 경험해서 빨리 그 열등감에서 탈출하고 싶어 하지만 근면하게 노력하지 않는다면 어떻게 될까요? 그러면 열등감으로 똘똘 뭉친 나머지 능력 있는 사람을 시기하는 옹졸한 사람이 되기 쉬워요. 남들이 보기에 충분히 잘하는 사람도 그 나름대로는 열등 감을 느끼기에 더 근면하게 노력해서 능력을 쌓는 거예요. 그래서 올바르게 성장해요.

부모님 중에는 초등학생인 자녀에게 근면성보다는 지적 능력을 더 키워 주는 사람이 많아요.

"다른 거 다 필요 없고, 공부만 잘하면 돼!"

정해진 곳에서 정해진 일을 해야 하는 사회적 규칙을 묵묵히 따르는 것에는 관심이 없지요. 식당에서 아이가 큰 소리로 떠들어도 괜찮다며 넘겨요. 학교에서 선생님에게 아이가 대들어도 공부만 잘하면 된다며 선생님을 함께 공격하기도 해요.

"오늘 그런 일이 있었다고? 내가 선생님 혼내 줄게, 넌 일단 학원에 가서 공부하고 있어."

이런 부모님이 있냐고요? 실제로 제가 선생님 대상으로 상담하다가 들은 이야기랍니다.

아무튼 그렇게 초등학생 시기를 보내면 지적 수준은 높은데 인성은 별로인 청소년으로 성장하기도 해요. 청소년이 된 자식이 나쁜 인성으로 자신을 힘들게 하는 모습을 확인하고 나서야 부모는 후회하지요. 여러분은 부모가 되면 초등학생 시기에 근면성을 더 키워 주려 노력해 주세요.

어떤 청소년은 열심히 능력을 쌓아서 성공한 또래 아이돌이나 연예인을 열심히 공격해요. 그렇게 남을 깔아뭉갠다고 해서 자신의 열등감이 없어지지 않아요. 그 사람은 그 사람의 인생을 살고 있고, 자신은 자신의 인생을 살고 있어요. 그 사람과 삶의 종착점을 놓고 경쟁하는 게 아니에요.

자신의 인생을 나아지게 하려면 근면하게 노력해야만 해요. 하지만 귀찮아서 또 남을 공격해요. 그렇게 나이가 들면 남에게 잔소리하는 꼰대가 되는 거예요. 청소년 때 가장 싫어했던 어른의 모습이 되는 거죠.

나는 누구인가?–청소년기

다섯 번째 단계로 열셋부터 열아홉 살까지의 청소년 시기가 되면 어떻게 될까요? 어떤 사람은 "나는 누구인가"라는 질문에 대답을 조금은 찾게 돼요. 무엇을 하고 싶고, 어떻게 하면 되는지 감을 잡고 노력하지요. 즉 자아 정체성을 확립하기 시작해요. 그러다가도 '아, 정말 이게 내가 원하는 것이었나?', '정말 이렇게 하면 되고 싶었던 내가 될 수 있을까?' 라고도 생각하고, '아, 이거다." 해서 다시 도전했다가 '아, 아닌가 봐.' 하며 갈팡질팡하기도 해요. 그러면서 자신의 질문에 대한 답을 찾고 고민을 덜기 위해 다른 또래의 주변을 기웃거리지요. 그러면서 자신의 정체성을 더 발전시키고 심리적 안정을 키울 수 있는 집단에 대한 "충성심"을 배우게 됩니다.

예를 들어 축구 선수가 되고 싶은 친구는 축구팀에 대한 충성심을 미덕으로 갖춥니다. 공부 잘하고 싶은 친구는 모범생 모임에, 주먹 잘 쓰고 싶은 친구는 폭력적인 집단에……

각자 충성을 다하는 집단이 달라요. 그리고 자아 정체성의 발달 양상도 달라져요. 그래서 이 시기에는 친구나 모임을 잘 선택해야 해요. 심심하니까, 혼자 급식 먹기 싫으니까 일단 사귀자는 식으로 다가가면 안 돼요.

여러분 자신이 되고 싶어 하는 사람을 떠올리고, 그 모습에 가까워지는 데 도움이 되는 친구와 함께하려고 노력하는 게 좋아요. 그런 친구가 주변에 없다면 인터넷 친구를 찾아도 좋아요. 혹은 소설이나 영화 속 등장인물이라도 친구로 삼고 힘들 때마다 이야기를 나누는 것처럼 그 책이나 영화를 봐도 좋아요. 어른도 그렇게 하는 사람이 많아요. 친구의 위로와 같은 책, 예술작품을 갖고 있는 사람이 있잖아요? 그 친구에게 편지를 일기처럼 쓰기도 해요. 그런 사람이 성숙한 인간으로 자라는 경우가 많아요. 예술가들이 일기를 많이 쓰는 것처럼요. 버지니아대학 심리학과의 티모시 윌슨 Timothy D. Wilson 교수는 그런 글쓰기가 그 어떤 상담보다도 효과가 있다는 것을 밝혔답니다.

청소년기 이후에는 어떻게 발달하냐고요? 그건 여러분이 성숙 단계를 차근히 밟아서 알아보세요. 혹시 제가 몰라서 이렇게 얼버 무리는 것은 아니냐고요? 제 책《자아 놀이 공원》(2009, 사계절)에 이 미 썼을 정도로 저는 잘 알고 있답니다. 그 책에서는 차근차근 주 인공에 감정이입을 하면서 독자가 볼 것이기에 모든 단계를 소개 했지만, 이 책에는 청소년 단계까지만 이야기하는 게 더 좋다고 생 각해요. 그리고 자아 정체성 확립을 위해 그 이론을 알아야겠다는 사람은 도서관이나 서점에서 더 많은 책을 직접 찾을 테니까 말이 에요.

성장을 막는 적들

설명을 멈춘 이유는 자아 방어 기제 때문이에요. 자아를 보호하 는 심리적 장치인 자아 방어 기제에는 성숙한 방어 기제가 있고, 미성숙한 방어 기제가 있어요. 제가 걱정하는 것은 미성숙한 방어 기제예요.

성숙한 방어 기제를 갖춘 사람은 자아의 힘이 강해서 힘든 상황이나 당황스러운 일을 당해도 유머를 구사하며 잘 넘깁니다. 앞서 나온 여러 사례 설명을 읽으며 자신과 공통점을 발견했으면서도 '아, 내 이불킥의 비밀이 여기에 있었군.' 하면서 웃어넘기기도 합니다.

또 욕망을 무조건 억압하는 것이 아니라, 다른 방향으로 승화하기도 해요. 예를 들어 자꾸 분노가 치밀어 오르면 격투기 같은 격한 운동을 해서 심신을 단련합니다. 아니면 정반대로 정적인 예술 활동을 하고요. 어떻게든 감정 자체에 휘둘리지 않고 자신에게 도움이 되도록 감정을 바꿉니다. 성숙한 자아를 가진 사람은 긍정적인 방어 기제를 사용해서 남들이 보기에 스트레스가 많은 상황인데도 다양하게 도전하고 성과를 냅니다.

하지만 미성숙한 방어 기제를 쓰는 사람도 있어요. 사실 세상은 미성숙한 방어 기제를 쓰는 사람이 더 많아요. 드라마를 봐도 성숙한 주인공 옆에 미성숙하고 못되게 행동하는 사람이 많이 나오잖아요?

미성숙한 방어 기제 중 무서운 것이 바로 '주지화intelllectualization'입니다. 주지화는 감정을 생각과 분리하는 거예요. 즉 어떤 상황을 이해할 때 감정을 분리하여 이성적으로 바라보는 것입니다. 이게 가장 위험한 이유는 진정 감정으로 느껴서 다음 단계로 성장할 기회를 잃게 하기 때문입니다.

예를 들어 늘 나쁜 이성 친구에게 빠져 인생을 허비하는 친구에게 "너는 왜 그런 나쁜 애를 만나니? 정신 좀 차려."라고 했는데, 친구가 "나도 그 애가 나쁜 것은 알아."라고 태연하게 말한다면 주지화에 빠진 것입니다.

"나는 느끼고 있다"가 아니라, "알고 있다"고 하면서 감정적 처리를 하지 않습니다. 이미 알고 있다고 보호막을 치면서 변화를 막는 것이지요.

청소년이나 성인 모두 심리학책을 읽으면서 "아, 이미 알고 있어." 라면서 진지하게 받아들이지 않는다면 성장할 수 없겠지요? 자신의 발달 단계가 어느 단계에 머물러 있는 것을 느끼지 않고 "아, 이런 거였어? 앞으로 벌어질 단계가 이럴 거라고?"라면서 무덤덤하게 받아들이면 성장할 기회를 잃게 됩니다.

이 책을 읽는 청소년 독자는 청소년기까지의 발달 단계를 차분히 되짚어가면서 성장을 위해 도전하기를 권합니다. 선행 학습하듯이 앞엣것을 먼저 기웃거리는 것은 자기 발달에 도움이 되지 않거든요. 여러분 중에서도 서둘러 구구단을 외운 것이 수학 재능 발달에 도움이 되었다는 사람보다는 그렇지 않았다는 사람이 더 많을 것으로 생각합니다. 인간의 성장은 선행 학습을 할 수 없고, 아무리 노력한다고 해도 효과가 없습니다. 에릭슨의 이론처럼 단계가 있기에 그 단계를 차근히 밟아야 하지요.

이왕 말이 나왔으니 성장을 막는 다른 미성숙한 방어 기제에 대해서도 알아볼까요?

주지화만큼 무서운 것이 바로 '부정'입니다. 잘못을 저지르고도 "저는 그런 일을 한 적이 없다"고 강하게 주장할 때 보이는 모습처럼, 외부의 실재나 사건을 아예 인정하지 않는 것입니다. 사랑하는 사람과 안 좋게 이별한 다음에도 '사실은 그 사람은 나를 여전히 사랑할 거야.'라고 생각한다면 현실 부정의 미성숙한 방어 기제를 사용하고 있는 것입니다.

'분리' 방어 기제는 외부 대상을 '전적으로 좋은 것'과 '전적으로 나쁜 것'이라는 두 개의 극단적인 것으로 나누는 것입니다. 복합적이고 애매한 감정은 느끼려 하지 않고, 그저 좋은 것과 싫은 것으로 생각하며 미성숙하게 반응합니다. 좋은 친구에게서도 안 좋은 면이 있을 수 있다는 것을 생각하거나, 나쁜 일에도 좋은 부분이 있다고 생각하지 않아요.

'망상' 방어 기제도 청소년기에 많이 보입니다. 제가 쓴 책 《뭘 해도 괜찮아》(2102, 사계절)의 주인공 태섭처럼 그날따라 게임이 좀 잘 되면 프로게이머가 되어 볼까 하고, 노래를 부르다가 가수를 해 볼까 하면서 즐거워한다면 망상에 빠진 것입니다. 프로 게이머로서의 준비 과정, 가수가 되기 위한 노력 등은 신경 쓰지 않고 말입니다. 현실에서는 좌절하기 쉬운 욕망이지만 상상 속에서는 마치 성취한 것처럼 만들어서 마음 상태를 왜곡하는 거예요. 망상에서 벗어나려면 현실적으로 정보를 알아보고 자신도 더 노력해야 합니다. 그냥 즐거운 상상에 빠져서 그것을 꿈이라고 하는 것은 왜곡일 뿐이에요.

나에게 가장 가치 있는 것은 뭘까?

올바른 자아 성장과 관련해서 요즘 자존감의 문제를 많이 이야기합니다. 자존감이 높아야 제대로 성장한 것이라고 말하지요. 그런데 자존감은 무엇일까요?

자존감은 '자아 존중감self-esteem'의 줄임말입니다. 자아 존중감은 자신을 존중하는 마음이지요. 즉 자존감은 다른 누구도 아닌 스스로 존중할 수 있는 일을 자신이 성취했을 때 나옵니다. 그냥 남이 "너 참 좋다."라는 말을 한다고 해서 자존감이 저절로 좋아지지는 않습니다. 자신도 나름 좋은 사람이라고 스스로 인정해야 합니다. 이 말을 잘못 이해해서 나쁜 짓을 하고서도 자신을 좋은 사람이라고 뻔뻔하게 주장해도 좋다고 생각해서는 안 됩니다. 그것은 미성숙한 방어 기제인 부정에 더 가깝지요.

자존감은 잘난 체와 다릅니다. 더 멋지게 보이고 싶은 욕망에 사로잡혀 다른 사람을 때리는 동영상을 인터넷에 올리는 사람이 있지요? 미국에서는 언론의 화려한 조명을 받으려고 총기 난사를 하는 경우도 있어요. 이들이 자존감이 높아서 이런 행동을 하는 것일까요?

아닙니다. 그저 폭력성이 있을 뿐입니다. 자존감은 당당함과는 달라요. 자존감이 있으면 당당할 수 있습니다. 하지만 당당하다고 해서 자존감이 모두 있는 것은 아닙니다.

자존감은 '자기가 인정할 수 있는 가치 있는 것이 자기 자신에게 있다는 믿음'에서 나옵니다. 폭력을 쓰는 사람도 폭력이 널리 존중받을 만한 가치가 있다고 생각하지는 않습니다. 자신이 속한 폭력 집단 안에서는 자기의 폭력성과 전과를 자랑하지만, 사회적으로는 자신의 폭력 사실을 가급적 숨기려 노력하지 않나요? 자존감이 낮으니, 즉 자기 생각에도 스스로 지닌 가치가 낮으니 사소한 일에도 '나를 무시해?'라면서 폭력적으로 대응하게 됩니다.

심리학을 모르는 사람이 보면 자존심이 강해서 그렇다고 생각하기 쉽지만, 사실은 자존심이 낮아서 발끈하는 것이랍니다. 자존심이 높은 사람은 상대방의 공격에도 의연하게 대처합니다. 그 사람이 자기를 무시했다고 해도 스스로 자신의 가치를 믿으니까요.

청소년기에 자존감을 높이려면 자신도 존중하고, 사회적으로도 존중받을 일을 찾아야 합니다. 자존감을 높일 기회를 찾으려면 사회적으로 존중받을 일 중에서 자신이 할 수 있는 일을 찾는 것이 가장 빠르죠. 일단 잘하지 못해도 말입니다. 존중할 가치가 있느냐가 먼저이고, 잘하느냐 아니냐는 다음 문제입니다.

이 이야기의 핵심을 눈치채셨나요?

결국 자존감의 핵심은 가치였습니다. 자신이 공부에 가치를 두고 있지 않으면 공부를 잘해도 자존감이 높지 않습니다. 외모가 뛰어난 사람도 외모에 가치를 두지 않고, 자신이 잘하지 못하는 운동이나 공부에 가치를 두면 자존감이 높지 않습니다. 공부, 외모, 운동 면에서 뒤떨어진다고 남들이 비판해도 자신의 남다른 건강 체질이 가장 중요하다고 생각하는 사람은 당당하게 행동합니다.

연예인 중에서도 객관적으로 자존감이 하늘을 찌를 것 같은데, 자신 없어 하고 우울해하는 사람이 있지요? 한편 〈못생긴 친구를 소개합니다〉 같은 예능 특집 프로그램에 단골 출연할 것 같은 연예인인데 완전히 자신감 넘치게 행동하는 사람도 있지요?

가치를 이야기하는 책은 많이 있습니다. 그런데 무조건 유명한 책이라고 해서 그 가치를 제대로 이야기하는 것은 아닙니다. 선생님이나 여러 기관의 추천을 받아 책을 읽어 자신의 가슴을 움직이는 가치를 향해 노력하면 자존감이 높아질 거예요. 다른 사람들이 좋다고 하는 가치 이전에, 자신의 가슴을 먼저 움직이는 가치 말입니다.

운동으로 비유해 볼까요? 운동을 잘하기 위한 요소를 하나 뽑으라고 할 때 누구는 순발력이 좋은 가치라고 하고, 또 다른 사람은 지구력이 가장 좋은 가치라고 말합니다. 네, 둘 다 맞습니다. 순발력은 순발력으로서의 가치가 있고, 지구력은 지구력으로서의 가치가 있죠. 다른 사람보다 좋은 가치를 가지려 하기 전에 스스로 고개를 끄덕일 가치를 선택하면 자존감은 쉽게 얻을 수 있습니다.

어떻게 하면 자존감을 높일 수 있을까?

이런 말을 들어도 공부에 대해서는 도저히 자존감을 가질 수가 없겠다고 생각할 수 있습니다. 공부의 가치를 알고, 마음속에 공부를 잘하고 싶은 마음이 있어도 성적표를 보면 자존감이 바닥을 긁는다고 하소연하는 청소년을 많이 만났거든요. 그런 분들께 제가 추천하는 방법이 있습니다.

티모시 윌슨이 쓴《스토리》(강유리 옮김, 2012, 웅진지식하우스)라는 책에는, 하루 30분씩 2주 정도 간단히 메모하는 것만으로도 자존감이 향상된다는 주장이 적혀 있습니다. 너무 간단해서 믿기 힘들다고요? 하지만 이것은 여러 심리학 연구로도 증명된 사실입니다.

사람은 누구나 '나는 어떤 사람이다'라는 이야기 형태의 '개인적 내러티브'라는 심리 구조물을 마음속에 갖고 있습니다. 살면서 다양하게 마주치는 사건과 느끼는 감정들을 날것 그대로 받아들이는 것이 아니라 자신이 이해할 수 있도록 해석하는 과정을 거칩니다. 바로 이 '해석'의 과정이 자기의 내러티브, 즉 이야기를 만들어 내는 과정입니다.

예를 들어 두 사람이 똑같이 50점을 받았다고 할까요? 그런데 한 사람은 이 성적을 보면서 "나는 재능이 없어. 관둬야겠다."라고 해석합니다. 이에 비해 다른 사람은 "예전 공부법은 효과가 없는 것 같네. 다른 방법으로 좀 더 열심히 공부해 봐야지."라고 해석합니다. 어떤 것이 자존감을 높이는 자아 성장에 도움이 되는 반응일까요? 두 번째 반응입니다. 첫 번째 반응은 패배자로서의 이야기가, 두 번째 반응은 도전자로서의 이야기가 있습니다.

두 번째 반응처럼 긍정적으로 자신의 이야기를 만드는 훈련법을 '이야기 편집narrative editing'이라고 합니다. 윌슨은 이야기 편집으로 손쉽게 자존감 향상과 자아 성장을 끌어낼 수 있다고 주장합니다.

그 훈련법을 쉽게 설명하자면 글쓰기 요법입니다. 멋진 문장을 만들어 내는 글쓰기 훈련이 아닙니다. 자기 문제에 대한 글을 씀으로써 자신에게 일어난 일을 재해석하는 것이 핵심입니다. 문제를 겪은 초기에 그 사건에서 한발 뒤로 물러나 정리할 시간을 가지는 것이 필요합니다. 그런 다음 글쓰기를 통해 재해석 과정을 거치면 그 경험에 대한 자기 스토리가 재구성되어 심리적 문제를 극복하기 쉬워지는 것입니다.

두 번째는 스토리 단서 주기입니다. 사람마다 각자 다르게 해석하고 발전시키는 스토리에 간단한 단서를 주어 특정한 이야기 경로로 유도함으로써 자기 파괴적 사고 패턴을 벗어나게 하는 방법입니다. "나는 역시 패배자야"가 아니라, "다르게 도전하면 되겠군."이라고 받아들이게 하는 식으로 말입니다.

세 번째는 가장 중요한 것으로 선행 실천의 원리입니다. '선행 실천' 방법은 착한 일을 한다는 뜻이 아닙니다. 선행 학습 때 쓰이는 선행처럼 먼저 실천해 본다는 뜻입니다.

만약 문제 행동을 보이는 청소년이 있다면 여러분은 어떻게 그 청소년을 긍정적으로 변화시킬 수 있을까요? 훈계나 처벌로 될까요? 처벌을 받은 청소년은 자신을 '나쁜 짓을 한 나쁜 사람'이라고 생각하기 쉬울 것입니다. 그러면 다음에는 몰래 '나쁜 사람'에 맞는 행동을 더 할 가능성이 높습니다. 그렇다면 어떻게 해야 할까요? 다른 사람에게 친절한 행동을 하도록 하면 어떨까요? 친절한 성향이 있는 사람으로 자신을 인식하기 시작하고, 그럴수록 다른 사람을 도울 가능성이 커지게 됩니다.

2015년 KBS 한글날 특집 다큐멘터리 〈헛, 욕 없는 교실 만들기〉에 기획 자문할 때 제가 신경 썼던 것도 청소년 자신에 대한 이야기였습니다. 욕이 나쁜 줄은 알고 있습니다. 그 나쁜 욕을 하는 자기도 나쁜 사람이라는 이야기를 갖게 하는 기존의 방법으로는 욕을 줄일 수 없습니다. 오히려 욕이 늘 확률이 높습니다.

다큐멘터리 영상을 봐도 갖가지 욕의 의미를 알게 된 고등학생들이 "야, 이 ××야. 이 말은 ○○라는 뜻이야."라는 식으로 그 뜻풀이까지 말하며 서로를 놀리면서 오히려 욕이 늘었습니다. 한글날 특집인데, 욕의 날 특집이 될 위기에 처했습니다.

자문 위원으로 긴급 투입된 저는 욕하지 않으면 보육원의 어린 아이들에게 선물을 주는 독특한 자원봉사 프로그램을 만들었습니다. 한 반을 각 조로 나눠서 보육원 아이들에게 줄 50만 원을 놓고 경쟁하게 했습니다. 학교에서 욕하면 그만큼 선물을 줄였습니다.

'욕하면 나쁜 사람'이라는 사실을 '주지화'해서 머리로만 알고 넘기지 않고, 가슴으로 느끼도록 했습니다. 보육원 아이들이 갖고 싶다고 했던 장난감을 그대로 그린 스티커를 욕한 학생이 자기 손으로 떼게 했지요. 욕하지 않으면 선물을 지켜주는 '착한 사람'이 될 수 있다는 것도 확실히 느끼게 했지요.

그 결과 2주 만에 그 반에서 욕이 사라졌습니다. 처벌이 무서워서가 아닙니다. '나는 짜증 나면 욕하는 사람'이 아니라, '나는 욕을 안 하는 것으로 남을 도와줄 줄 아는 사람'으로 이야기를 편집했기 때문입니다.

제가 교사 연수에서 이 욕 없애는 방법을 말씀드리자, 어떤 선생님은 이 설계가 사람의 마음을 조작하는 심각하게 위험한 행동이라고 비판하셨습니다. 욕을 하는 게 여러모로 좋다고 생각한 학생을 제가 욕을 하면 안 좋다고 마음먹게 했다면 조작이겠죠? 원래 보육원 아이들은 거들떠보지도 않을 청소년에게 보육원 아이를 배려하도록 만들었다면 조작이겠죠? 하지만, 저는 그런 조작을 하지 않았습니다. 보육원 아이를 돕고 싶어 하는 마음, 욕을 하는 게 좋지 않다고 생각하는 마음을 스스로 발견해서 자신에 대한 이야기를 바꿀 수 있도록 한 것이랍니다.

욕을 줄이는 문제 말고도 세상에는 심각한 문제가 많이 있습니다. 그런데 그 심각한 문제를 더욱 심각하게 만드는 과정을 잘 지켜보세요. 원래 문제 자체가 아니라 스스로 문제를 해석하고 스토리를 재구성할 기회를 박탈당하는 것이 사람에게 더 큰 괴로움을 준다는 것을 확인할 수 있을 거예요.

공부 자체가 아니라, 그 공부에 자신이 제대로 도전해서 멋진 변화를 만들어 낼 수 있다는 스토리를 구성할 기회를 주지 않고 학원과 참고서에 눈을 고정하려고 하는 게 더 문제를 심각하게 만들고 있지는 않을까요?

월슨은 기존의 방법들이 근본적이고 지속적인 변화를 끌어낼 수 없는 이유를 간단하게 말합니다.

"기존 방법들은 사람들의 자발적인 해석과 판단 기회를 박탈하기 때문이다."

자발적으로 이야기하고 상황을 해석하는 간단한 글쓰기를 통해서도 변화를 만들 수 있습니다. 자존감에 충만한 사람으로 자신을 성장시키기 위해 거대한 도전만 필요한 것이 아닙니다.

4.
하기 싫은 걸 꼭 해야 할까?

동기

좋은 걸 알아도 왜 하기는 싫을까?

세상에는 하고 싶은 일이 많지요? 지금 제 나이가 되어도 그렇습니다. 엉뚱하게 가수가 되고 싶기도 하고, 배우가 되고 싶기도 합니다. 더 좋은 작가, 더 좋은 강사, 더 좋은 연구자, 더 좋은 남편, 더 좋은 아빠 등이 되고도 싶습니다.

세상에는 좋은 것이 많습니다. 그런데 막상 그 일을 하라고 그러면 하기 싫을 때도 있습니다. 가수가 되는 것이 좋지만, 음치인 상태를 벗어나려 보컬 트레이닝을 하고 곡 해석을 위한 노력, 퍼포먼스 연구 등을 실천하기는 싫습니다. 〈알라딘〉에 나오는 지니가 손가락을 튕겨서 모든 것을 단숨에 얻게 해 줬으면 하는 마음이 생기기도 하지요. 그러다가 〈어벤져스〉에 나오는 타노스가 나타나 손가락을 튕기면 어쩌나 하는 생각에 걱정되기도 합니다.

여러분은 어떠세요? 저는 여러분 나이였을 때 공부하면 좋은 걸 알면서도 참으로 하기 싫어했습니다. 공부하기 싫다는 것을 인정하지 않았어요. 자주 바뀌는 입시 정책, 학습 환경, 선생님, 가정 분위기 등등 제대로 공부할 수 없는 이유를 찾는 데 열심이었죠.

나중에야 제가 공부하기 싫어한다는 것을 인정했습니다. 아니 인정 정도가 아니라 대대적으로 선전했지요. 그러면 주변 사람들이 "공부는 좋은 것"이라고 설득했습니다. 솔직히 공부는 좋은 것임을 알고 있었지만 인정하지 않는 척했습니다. 인정하면 공부를 열심히 하지 않는 나를 합리화할 길이 없었거든요.

저는 나중에 심리학을 공부하고서야 그 이유를 알았습니다. 저는 공부하고 싶어 하는 마음인 '동기motive', 즉 움직일動 기운氣이 없었습니다. 동기가 없으니 그에 맞는 행동을 하지 않은 것이지요.

동기 이론 중 현재에도 큰 영향을 주는 것은 에이브러햄 H. 매슬로Abraham. H. Maslow의 욕구 5단계 이론이에요. 빅 파이브 성격 이론처럼 다섯 가지이고, 에릭슨의 발달 이론처럼 단계별로 오지요. 심리학자들은 몇 가지, 몇 단계 이런 것을 좋아해요. 그래서 외우기도 쉽습니다.

아무튼 매슬로는 인간이 행동하는 동기인 욕구가 다섯 단계로 나뉘고 피라미드 모양으로 되어 있다고 주장했어요. 피라미드의

맨 아래 있는 것은 배고픔, 갈증 등과 같은 생리적 욕구예요. 생리적 욕구 때문에 음식을 찾고 물을 찾지요.

두 번째 단계는 안전 욕구예요. 생존을 위해서는 생리적 욕구도 필요하지만 더 고차원적인 안전도 필요하죠. 그래서 배가 고파도 음식에 독이 들었는지 아닌지 확인하는 행동을 하고, 밖으로 나갔다가도 위험하다 싶으면 집을 찾아 들어오려 하지요. '포트나이트'나 '배틀 그라운드' 같은 게임에서도 은신처를 찾거나 만들어서 안전을 확보하잖아요.

세 번째는 사회적 욕구예요. 생리적 욕구와 안전 욕구는 혼자서도 해결할 수 있어요. 하지만 혼자만 있으면 외롭지요. 그래서 친구나 애인을 찾고 싶은 사회적 욕구가 있어요.

네 번째는 존경의 욕구예요. 사람은 성장하면서 다른 사람의 인정을 받고 싶어 해요. 그래서 지위를 차지하려고 노력하죠. 학생은 반장, 회장이 되고 싶어 하고, 성인은 대리, 팀장, 사장 등이 되어서 인정받고 싶어 하지요.

다섯 번째는 자아실현의 욕구예요. 매슬로는 최고 정점인 자아실현 욕구에 가까워질수록 행복에 이를 수 있다고 했어요. 남부럽지 않게 지위가 높아 존경받는 사람도 자아실현을 못 하면 불행하다고 느껴요. 자아실현을 하고 싶은 욕구로 더 열심히 노력하기도 하지요.

매슬로는 이렇게 다섯 단계가 각각 순서대로 진행된다고 주장했어요. 개인뿐만 아니라 국가도 일단 생리적 욕구와 안전 욕구 해결이 시급한 나라와 국제 사회의 교류와 존경을 받고 싶어 하는 나라, 자신의 가치를 충분히 실현하는 나라 등으로 나눌 수 있다고도 했지요. 독립과 전쟁 이후 대한민국의 발전 과정을 봐도 고개가 끄덕여지는 부분이 있을 거예요.

제가 공부를 해야 한다고 알면서도 하지 않았던 것을 매슬로 이론으로 설명하면 어떻게 될까요? 전체적으로는 동기가 없었다고 대답할 수 있어요. 세밀하게 살펴보면 저에게는 생리적 욕구와 안전 욕구와 사회적 욕구는 있었지만 존경의 욕구는 별로 없었던 거죠. 아무리 공부해서 존중받는 게 더 좋다고 해도, 지금 당장 먹고 잘 수 있는 집과 친구들과 우르르 몰려다니며 노는 욕구 수준에 머물러 있던 저는 그보다 상위 욕구로 이동할 생각을 못 한 거였어요.

매슬로는 많이 응용되는 동기 이론이지만 너무 단순해서 빈틈도 많아요. 음식을 생리적 욕구로 추구하지 않고 존경의 욕구 충족 수단으로 생각해 인증 사진을 많이 올리는 사람도 있어요. 어떤 사람은 자아실현 욕구를 정점으로 놓지 않고 생리적 욕구를 더 중시하기도 해요. 인간의 욕구가 순차적이고 서로 교차하지 않는다니 여러분이 생각하기에도 안 맞는 부분이 있지요? 하지만 인간

행동의 원인을 욕구의 차이에서 찾은 의의는 크답니다.

매슬로 이론 이후에 동기 이론은 많이 발전했어요. 보상과 처벌을 어떻게 줘서 동기를 바꾸는지를 살펴보았죠.

칭찬은 동기를 꿈틀거리게 한다

사람은 처벌을 통해서 동기가 달라지기도 해요. 예를 들어 쓰레기를 맘대로 버리고 싶은데 그 처벌이 무서우면 쓰레기를 버리려는 마음을 고쳐먹습니다. 학교에서도 문제 행동을 일으켰을 때 벌점과 처벌 사항을 자세히 정해 놓고, 사회에서도 범죄에 대한 처벌을 명확히 해서 혹여나 나쁜 행동을 하려는 마음을 막으려 합니다. 하지만 처벌에는 한계가 있습니다. 학교와 사회에서 처벌을 해도 비슷한 종류의 나쁜 사건이 일어나는 것이 그 증거예요.

처벌할 수 있는 사람이 지켜보는 곳에는 쓰레기를 버리지 않지만, 처벌자가 없는 곳에서는 몰래 쓰레기를 버립니다. 처벌은 일시적으로 효과는 있습니다. 하지만 진심으로 사람을 변화시키지 않고 일정 기간 억제하는 효과만 있어요. 반항심을 키울 수도 있습니다.

원래 쓰레기를 잘 분리해서 버리던 사람도 처벌자가 처벌 규정을 자꾸 강조하면 몰래 쓰레기를 맘대로 버리고 싶은 마음이 들기도 합니다. 그래서 심리학자들은 동기를 높이기 위한 처벌은 제한적으로 쓸 것을 추천합니다.

심리학자들은 처벌보다 보상을 더 많이 연구합니다. 학교에서 주는 상장, 회사에서 주는 보너스, 각종 기관과 정부 등에서 주는 명예와 훈장 등. 그중에서도 여러분의 현재 삶과 가장 관련 있는 대표적인 보상이 칭찬이죠.

다른 사람의 행동을 칭찬은 자신이 바라는 대로 촉진하는 좋은 수단입니다. 처벌도 사람을 다그쳐서 원하는 행동을 끌어낼 수는 있죠. 하지만 스트레스를 받게 됩니다. 이에 비해 칭찬은 하는 사람이나 받는 사람 모두 긍정적인 감정이 생겨서 좋습니다. 또한 칭찬은 사람들에게 긍정적인 자아상을 갖게 해서 원하던 목표를 얻는 효과도 있습니다. 이것을 '피그말리온 효과Pygmalion effect'라고 합니다.

피그말리온은 그리스 신화에 나오는 키프로스 섬에 살던 왕의 이름입니다. 그는 자신이 조각한 여인상에 사랑의 감정을 느꼈습니다. 그리고 여인상을 대할 때마다 '당신은 참으로 예쁘고 아름답다'고 칭찬했습니다. 그 모습을 본 여신 아프로디테는 그 여인상에 생명을 불어넣었습니다. 피그말리온은 자신이 바라던 대로 여인과 결혼했습니다. 이런 신화에서 이야기를 따와 '원하면 곧 이뤄진다' 라는 심리학적 원리를 피그말리온 효과라고 합니다. '자기충족적 예언self-fulfilling prophecy'이라고도 하지요.

칭찬 효과와 관련해서는 로버트 로젠탈Robert Rosenthal과 레노어 제이콥슨Lenore Jacobson 박사의 연구가 가장 유명합니다. 연구자의 이름을 따서 로젠탈 효과라고도 부릅니다.

로젠탈과 제이콥슨은 초등학교 교사들에게 지능 검사 결과를 토대로 지능이 급성장할 학생들의 명단을 알려 주었습니다. 그런데 사실 이 명단은 조작된 것이었어요. 연구팀은 무작위로 아이들을 선정해서 명단을 만들었습니다. 하지만 이런 사실을 해당 학생들 과 교사들은 몰랐습니다. 8개월 후 실제 지능 검사를 했더니 우수 자 명단에 포함된 학생들은 실제로 지능 지수가 증가했습니다. 그 리고 교사들로부터도 더 높이 평가받았습니다.

어떻게 이런 결과가 나왔을까요? 앞서 이야기한 피그말리온 효 과가 작용한 탓입니다. 교사는 우수자 명단에 있는 학생들의 인상 을 긍정적으로 평가했어요. 그래서 자신의 칭찬이나 처벌 행동을 그것에 맞게 조절했고요. 그 결과 학생들도 자신이 우수자 그룹에 있음을 눈치채고 결국 우수한 아이가 된 것입니다. 즉 긍정적인 칭 찬을 하면 아이가 스스로 좋은 인상에 맞게 행동하려고 하기에 효 과가 생깁니다.

하지만 모든 경우에 칭찬이 효과 있는 것은 아닙니다. 너무 자주 칭찬하면 그 칭찬을 당연하게 받아들입니다. 오히려 칭찬하지 않으면 처벌받았다고 생각하며 토라지거나 아예 자기 일을 하지 않을 수도 있습니다. 칭찬은 정확히, 그리고 적당히 해야 효과가 있습니다. 칭찬은 고래를 춤추게 하지만 인간은 고래가 아니니까요. 인간은 훨씬 복잡하답니다. 인간은 자신이 실제로 한 일을 스스로 인정하고, 그 행동을 남들도 칭찬하며 인정해야 효과가 있습니다.

어떤 사람이 저에게 "정우성보다 더 잘생겼어요."라고 칭찬하면 제가 어떻게 반응할까요? 분명 춤을 출 일이지만, 제 마음속에서는 '나를 놀리나? 아니면 기분 좋게 해서 뭘 팔려고 그러나?'라는 생각이 먼저 들면서 조심할 거예요. 그런데 "일 년에 책을 여러 권 내실 정도로 노력하는 모습이 보기 좋아요."라고 칭찬하면 바로 춤을 출 거예요. 옛날 유행했던 토끼 춤으로.

할 수 없는 것과 할 수 있는 것은 모두 생각의 차이

수포자라는 말 들어 보셨지요? 수학이 너무 어려워서 포기한 사람이라는 뜻이죠. 대한민국의 많은 청소년이 자기 자신을 수포자라고 생각합니다. 즉 자신이 수학을 잘할 수 없다고 생각합니다. 실제 성적도 안 좋은 경우가 많고요.

2017년 국가수준 학업성취도 평가 결과를 봐도 그렇습니다. 중학교와 고등학교 모두 수학 과목에서는 예전보다 기초학력 미달 비율이 증가했습니다. 특히 고등학교에서는 더 심각했습니다. 2016년 5.3%였던 미달 비율이 2017년에는 9.2%로 대폭 상승했습니다. 중3은 2016년 4.9%에서 2017년에는 6.9%로 증가했고요.

수학에 대한 자신감도 중학교에서 고교로 진학하면서 떨어지는 것으로 나타났습니다. 자신감이 낮다고 응답한 비율이 중학교 때의 21.6%에서 고등학교 때는 31.8%로 늘었고, 학습 의욕이 낮다고 응답한 비율도 중학교 9.8%에서 고등학교 13.9%로 늘었습니다.

조사 결과를 요약하자면, 수학 실력도, 자신감도, 의욕도 모두 시간이 갈수록 낮아지는 추세입니다. 심리학자는 이 원인을 주로 자기 효능감에서 찾습니다. 자기 효능감은 자신이 잘할 수 있다는 믿음입니다. 실제로 능력이 있어 잘한다는 뜻은 아닙니다.

심리학에서는 자기 효능감이 높으면 실제로 능력도 높아진다는 것을 밝혀냈습니다. 반대로 자기 효능감이 낮으면, 즉 자신이 잘할 수 없다고 믿으면 실제로도 능력 발휘를 못 하는 것도 밝혔습니다.

왜 자기 효능감이 없는 것일까요? 수학 문제를 풀어서 성공한 경험이 많지 않은 사람과 성공 경험이 많은 사람 중, 누가 더 자기 효능감이 높을까요? 당연히 성공 경험이 많은 사람이 자기 효능감이 높을 것입니다. 만약 선행 학습으로 자기 수준보다 높은 문제를 더 많이 푼 학생이라면 어떨까요? 자기 효능감이 낮겠지요?

주위의 기대에 맞추려 자기 수준에 맞지 않는 문제를 풀다 보니 성취감보다는 또 틀리지는 않을까, 실망시키지는 않을까, 이걸 풀어내도 더 힘든 문제가 기다리고 있는 것은 아닌가 하는 불안감을 더 많이 느낍니다. 이러니 학습 의욕도 없어집니다. 학습 의욕이 없으니 공부를 열심히 하지 않습니다. 공부를 열심히 하지 않으니 성적도 좋을 수 없습니다. 성적이 좋지 않으니, 수학을 잘할 수 있다는 믿음, 즉 자기 효능감이 떨어집니다. 그래서 학습 의욕이 떨어지고, 성적도 더 나빠집니다. 악순환이 생깁니다.

그렇다면 어떻게 해야 이 악순환을 끊을 수 있을까요? 그 비법 역시 자기 효능감에 있습니다. 일단 자기 수준에 맞춰 충분히 풀 수 있는 수학 참고서와 문제집을 선택합니다. 그래서 성공 경험을 늘려야 하지요. 만약 수학 참고서와 문제집 자체에 거부감이 있다면, 수학자의 일생이나 재미있는 수학의 원리를 풀어 쓴 이야기책을 읽는 것부터 시작해야 합니다.

재미있게 개념을 풀어 주는 인터넷 강의를 찾아서 보는 것도 좋습니다. 그래서 '아, 이 정도는 나도 이해할 수 있다.'라는 생각이 점점 커져야 합니다. 어차피 수능이 목적이니 수능 문제부터 풀자

하고 도전하는 것은, 이제 막 역도를 시작한 사람이 '어차피 내가 들 무게이니 시합 때 들 무게로 연습하자'고 달려드는 것처럼 무모한 일입니다.

쉬운 것부터 차근히 풀어 보세요. 수학은 여러 영역으로 나뉘어 있어서 그나마 자신감을 가질 영역을 고를 수 있습니다. 다른 사람과 비교해서 더 자신감을 갖는 영역을 찾는 게 아니라, 자기 자신의 여러 영역과 비교해서 그나마 나은 영역을 찾아봐야 합니다.

심리학에 '사회적 학습modeling'이라는 개념이 있습니다. 원리를 추상적으로 깨우치는 것이 아니라, 모델, 즉 모범이 될 수 있는 대상을 놓고 따라 하는 식으로 배운다는 이론입니다.

요즘 유행하는 춤의 원리를 깨우쳐서 어떤 아이돌 댄스든 출 수 있는 사람도 있지만, 일단 아이돌 댄스를 따라 하면서 춤을 배우는 경우도 있잖아요? 처음에는 잘 모르겠지만 따라하면서 더 나아집니다. 그러면서 더 잘할 수 있다는 생각도 들고요. 더 잘할 수 있다는 믿음이 있으니 자신감 있게 춤을 추고 다른 춤에도 도전하게됩니다. 이 책이 심리학 지식을 죽 나열하는 것이 아니라 제가 받아들인 이야기 형태를 띠는 것도, 여러분이 심리학자가 이해한 방식을 따라서 심리학을 더 쉽게 받아들이기를 바라는 마음으로 만들었기 때문이에요.

자기 효능감과 사회적 학습 이론을 모두 만든 사람은 앨버트 밴

듀라Albert Bandura라는 미국 심리학자입니다. 즉 같은 사람이 두 이론을 만들었을 정도로 서로 통하는 면이 많습니다.

자신이 나중에 멋지게 풀고 싶은 모범답안 풀이 과정을 노트에 따라 적다 보면, 풀이해 나가는 능력을 키우게 됩니다. 마법이 아니기에 시간과 노력이 들지만, 재미도 얻게 됩니다. 처음에 못 추던 춤을 따라 하면서 재미를 느끼게 되는 것처럼요.

여기에서 잊지 말아야 할 포인트가 또 있습니다. 처음에 춤을 배우기 시작하는 사람이 '난 ○○ 아이돌 그룹처럼 출 거야.'라고 목표를 잡으면 어떻게 될까요? 막상 도전하면 목표와 현실의 격차를 느껴 할 수 있다는 믿음은 깨지고 포기하게 될 것입니다. 그래서 첫 목표를 자신의 수준에 맞는 정도로 잡는 것이 중요하지요.

만약 수학을 포기하고 싶었던 사람이라면, 수학을 100점 맞는 것을 목표로 해서는 안 되겠지요? 일단 30분 동안 책을 보자. 30분 봤으면 1시간으로…… 이렇게 자신이 성취할 수 있는 목표부터 차근차근 잡아야 합니다. 그래야 "잘 해낸 경험"을 통해 "잘할 수 있다는 믿음"인 자기 효능감이 높아지는 거예요. 자기 효능감이 높으면, 실제로 더 잘하기 위해 노력을 더 하게 됩니다. 그리고 노력을 더 하면 실제로 좋은 결과를 낼 확률도 높아집니다.

수학을 예로 들었지만, 다른 교과목 혹은 다른 일상적인 문제에 대해서도 마찬가지입니다. 포기하고 싶더라도, 자기 효능감을 높이는 마지막 도전을 해 보세요. 멋진 반전이 펼쳐질 것입니다.

하고 싶은 마음이 들게 하려면

자기 효능감을 높이는 것 외에도 동기를 높이는 비법은 심리학에서 많이 찾았습니다. 그중 효과가 가장 큰 비법을 소개해 드릴게요.

심리학에는 '자기 결정 이론'이 유명해요. 자기 결정 이론은 외부의 보상과 처벌이 아니라 스스로 동기를 부여하는 방법. 즉 내적 동기를 키우는 방법을 주장했어요. 자기 결정 이론에 따르면 내적 동기는 세 가지 요소, 즉 타인과의 관계성, 자율성, 역량으로 결정되며 이 세 가지가 모두 함께할 때 동기 부여가 가장 잘 된답니다.

예를 들어 혼자 공부하려고 할 때보다 다른 친구가 관심을 보이거나 함께 공부할 때 더 동기가 높아지지 않았나요? 스스로 인정받을 만한 뭔가를 보여 주기 위해 더 자율적으로 공부하고요. 그리고 공부를 많이 하기에 역량도 높아지고, 높아진 역량으로 공부를 더 쉽게 할 수 있어 동기가 또 높아집니다.

노는 것도 마찬가지예요. 혼자 컴퓨터를 상대로 게임하는 것보다 다른 유저와 팀플레이를 하거나 다른 유저가 관람하며 채팅으로 말을 걸어 줄 때 게임을 더 잘하고 싶어집니다. 아이템을 잘 얻을 방법을 찾아 자율적으로 유튜브 동영상을 뒤지거나 다양한 방법을 게임 상황에서 시도합니다. 그러면서 역량이 높아지고 더 높은 레벨에 도전하려는 동기도 높아집니다.

세 가지 요소가 함께하면 이렇게 동기가 쉽게 높아집니다. 그러나 만약 세 가지 중 하나가 빠지면 동기도 훅 내려갈 수 있습니다. 여러분이 하는 게임이나 공부 교과목을 친구들이 별로 관심 없어 한다면? 자율적으로 뭔가를 하려고 해도 적정한 정보를 구할 수 없다면? 아무리 노력해도 게임 스킬이나 문제 풀이 방법을 도통 이해할 수 없을 정도의 고난도 과제라면?

그래서 애초 관심사가 똑같은 사람끼리 특정 교과목에 대한 스터디 그룹을 만들거나 게임 길드를 만들어서 활동하는 거지요. 초보자 수준에서 구하기 쉬운 정보로 교과 공부나 게임을 시작해서, 점점 자기 수준이 업그레이드될 때마다 그에 맞는 참고서나 게임 레벨에 도전하는 것이랍니다.

스스로 동기를 높이려면 일단 큰 목표, 일반적인 목표를 세운다고 해도 실행할 때는 구체적인 목표를 세워야 합니다. 중학교 1학년생이 공부하는데 6년 후 특정 대학 입학을 목표로 세워 놓는 경우와 이번 주 참고서 20페이지까지 진도 나가기를 목표로 세운 경우 어떤 쪽이 더 실행 동기가 높을까요?

구체적인 목표가 훨씬 효과가 높습니다. 하지만 자신의 역량을 고려하지 않고 구체적이기만 하면 안 돼요. 방학 때 생활 계획표를 분 단위로 열심히 짰어도 결국 동기가 낮아서 실행하지 않으면 소용없는 것처럼요.

이루기 힘든 목표라는 생각이 들면 그것보다 20% 정도 수준을 낮춰 보세요. 그것도 힘들면 또 20% 낮추고……. 그렇다고 이미 충분히 할 수 있는 것으로 목표를 낮춰 잡지는 마세요. 지루해서 동기가 생기지 않거든요. 고등학생이 구구단을 열 번 노트에 적으면서 외우는 목표를 매번 세운다면 어떻겠어요?

일단 해 보고 동기는 나중에 챙기자

마지막은 여러분이 주의 깊게 들어야 할 방법입니다. 어떤 일이 하기 싫을 때 있으셨지요? 진짜 죽도록 너무 하기 싫었던 일이 아니라, 그냥 좀 하기 싫었던 일을 한번 떠올려 보세요. 그중에서 자의 반 타의 반으로 했던 경험을 떠올려 보세요. 아주 기분 좋은 경험은 아니었어도 머릿속으로 싫어한 정도까지 나쁘지는 않았던 기억이 날 거예요.

사람은 힘든 일도 계속 반복하면 자동화가 일어나서 자연스럽게 그 일을 하게 되는 구조가 마음에 있답니다. 그래서 어른들도 처음에는 두렵고 걱정되는 마음으로 운전 연습을 시작하지만 어느 순간에는 잡담하면서 여유롭게 운전하게 되는 거지요. 게임할 때도 처음 아이템을 얻고 움직이는 전략을 실행하는 게 힘들지만 계속 반복하면 자동화되어 초반에 별 고민 없이 기계적으로 움직이게 되잖아요?

"별 고민 없이." 이게 핵심입니다. 동기를 갉아먹는 고민을 없애서 동기를 높이는 거지요. 힘들어서 하기 싫은 일이 있다면 일단 조금 해 보세요. 물론 힘들겠지만 생각했던 것만큼 힘들지는 않은 경우가 훨씬 많아요. 다음에 한 번 또 해 보세요. 지난번보다 살짝 나아질 거예요. 사실 여러분은 이런 과정을 이미 많이 겪었답니다.

기어 다니다가 서서 걷기 시작할 때, 남들이 떠먹여 주는 "맘마"를 먹다가 자신의 손으로 "밥"을 먹을 때처럼요. 처음 걸을 때 뛰는 방법까지 고민하지는 않았잖아요? 유아용 플라스틱 숟가락으로 밥을 먹을 때 포크와 나이프 사용법까지 고민하지 않았지요? 그냥 일단 한번 해 보자, 실패하면 속상해서 하기 싫지만 그래도 해야 하는 일이니 해 보자는 마음으로 결국 멋지게 이뤄낸 거잖아요.

이전까지는 동기를 높여서 행동을 끌어내는 방법을 이야기했어요. 그런데 이번에는 일단 행동을 해 봐서 동기를 더 높이는 방법이에요. 여러분의 개인적 경험에 비추어 보거나, 현대의 심리학 연구를 봐도 일단 하기 싫은 마음을 꾹꾹 누르고 먼저 행동해 보는 게 가장 효과적인 방법이랍니다. 일단 해 보세요. 단 너무 멀리 보지 말고 구체적으로 자신이 실행할 수 있는 것보다 살짝 힘들다 싶은 부분까지만.

일단 해 보라고 해서 자신이 걱정하는 최고 단계의 것부터 시작하라는 것은 아니에요. 수학이 '너무 싫어서 참고서는 보기도 싫어' 하는 학생은 수학 문제집 풀이를 하기보다는 재미있는 수학 이야기책이나 쉬운 퍼즐, 퍼포먼스가 재미있는 강사의 동영상 강의 시청부터 시작해 보는 거예요. 영어가 싫은 사람은 재미있는 영어로 된 코미디 영화부터 보는 것이고요. 이게 정말 내가 나중에 할 공부와 얼마나 연관이 있을까 고민하지 마세요. 수능 명강사들도 처음 그 과목이 좋아진 계기를 들으면 아주 사소한 것부터 시작된 경우가 많으니까요. 처음부터 어떻게 그 과목을 잘하고, 나중에 전공하고 최고 전문가가 될까 하는 고민에 짓눌리지 않았어요. 대신 행동으로 동기를 더 높였답니다. 여러분도 이 비법을 실행하기를 강력히 추천합니다.

5.

기억은 너무 정확해도 생생해도 탈

기억

기억은 점토와 같은 것

기억은 청개구리입니다. 시험 문제를 풀기 위해 예전에 공부한 것을 기억하려고 해도 잘 안 되지요? 그러다가 밥을 먹다가 아차 하며 저절로 생각나기도 해요. 힘들었던 일, 부끄러운 상황 등 잊고 싶은 것들은 왜 그렇게 잘 떠오르는지. 아무리 툭툭 털어 버리려 해도 기억에서 사라지지 않지요.

많은 사람이 기억은 저장고와 같을 것으로 생각해요. 한번 저장되면 우리 뇌 속에 그대로 박혀 있을 것인데 어떻게 잊어버리는 것일까 하며 이상하다고 여기죠. 하지만 심리학자의 연구에 따르면 기억은 저장고의 요소만 갖고 있지 않습니다. 저장고는 어떤 것을 보관하면 원래 형태 그대로 있지요? 하지만 기억은 만질 때마나 잡는 손의 힘이나 형태에 따라 모양을 바꾸는 점토에 더 가까워요.

즉 기억은 저장고와 같은 정적인 특성보다는 아주 역동적인 특성을 갖고 있답니다.

여러분도 친구들과 예전 추억을 떠올리며 신나게 이야기하다 보면 이런 말을 한 번쯤은 들었을 거예요.

"어, 내가 기억하는 것과 다른데?"

분명 그 친구와 내가 그 자리에서 함께 겪은 것인데도 말이에요. 어떤 사건과 관련된 기억을 저장할 때부터 자신이 그 상황을 능동적으로 어찌어찌 이해해서 저장했고, 지금 어떤 맥락에서 꺼내느냐에 따라 달라지기 때문이에요.

우리는 모든 일을 일정한 수준으로 기억하지는 않아요. 왜곡이 일어납니다. 특히 부정적인 사건은 기억 왜곡이 심하게 일어나요. 인지심리학자인 윌럼 와게나 Willem Albert Wagenaar 박사는 6년간 일상을 하루도 빠지지 않고 자세히 기록했어요. 그리고 나중에 자신의 경험을 회상하는 검사를 해서 비교해 보았습니다. 그랬더니 긍정적인 사건은 절반 이상 기억났지만, 부정적인 사건은 고작 3분의 1 정도밖에 기억하지 못한 것으로 결과가 나왔어요. 기억이 그저 수동적인 입력과 출력의 연결 과정이라면 비슷한 수준으로 회상했겠지요? 이 연구를 통해 기억은 동기에 따라 억압되거나 활성화되는 아주 능동적인 과정임을 알게 되었어요.

한편 우울증 환자는 부정적 정보를 더 잘 기억해요. 어떤 일이 벌어졌을 때 우울증 환자나 정상인 사람 모두 주의를 기울여요. 즉 입력은 똑같아요. 하지만 정상인은 부정적인 사건은 잘 잊어버리는 데 비해, 우울증 환자들은 부정적 정보를 더 잘 기억하는 차이가 있습니다. 이것 역시 기억이 역동성을 가지고 있다는 증거랍니다.

기억이 이렇게 왜곡되다니 잘 믿지 못하겠지요? 기억이 없다면 우리는 매일 아침 일어나자마자 비명을 지를 거예요. 난생처음 보는 사람들이(사실은 가족이) 눈앞에서 돌아다니고 있고, 거울을 보면 낯선 사람이 자신을 따라 하니까요. 믿지 못하지만 그래도 기억이 있는 덕분에 우리는 적응하며 살아갈 수 있답니다.

기억은 마음의 자리입니다. 기억이 없다면 우리는 기본적인 생활을 할 수 없어요. 하드 디스크가 없는 컴퓨터는 전원을 켜도 아무 반응하지 못하는 것과 같이 인간은 아무것도 못 할 거예요.

흔히 인간의 마음이 있는 뇌를 컴퓨터의 하드 디스크에 비유해서 저도 그런 비유를 썼네요. 하지만 이 비유도 틀린 거예요. 왜냐하면 하드 디스크는 입력한 것을 그대로 저장하지만, 뇌는 있는 그대로 저장하지 않거든요. 한번 직접 실험해 볼까요? 여러분 잠시 눈을 감고 초등학교 시절 운동회를 떠올려 보세요. 그러고 나서 다음 내용을 읽어 주시기 바랍니다.

기억이 생생하게 떠올랐나요? 마치 자신이 주인공이 된 영화를 보는 것처럼 영상이 보였을 것입니다. 그런데 이상하지 않나요? 기억이 정말 외부 사건을 그대로 저장하는 것이라면 카메라에 해당하는 눈이 딱 하나로 고정되어 있어야 했지 않나요? 그리고 사건이 순차적으로 모두 나와야 하지 않습니까? 그런데 기억 속 장면은 참으로 역동적입니다. 아예 영화처럼 편집까지 근사하게 되어 있습니다. 심지어 드론을 띄워 공중에서 촬영한 것처럼 전체적인 모습이 보일 때도 있고요. 여러분이 근처 건물의 옥상에 올라갔더라도 볼 수 없는 각도의 장면이지요. 더구나 운동회 날 행사에 참여했을 때는 더더욱 그 각도로 사물을 보기 힘들어요.

어떤 분은 자신의 모습까지 포함한 장면이 보였을 거예요. 유체이탈한 것도 아닌데, 거울 없이도 내 모습을 내가 직접 볼 수 있단 말입니다. 기억하는 내용도 초등학교엔 지금보다 키가 작았을 텐데, 거의 현재의 눈높이에서 당시에 본 것들을 기억하고 있어요. 이것은 우리가 기억을 떠올릴 때, 머릿속에 저장된 그대로 꺼내는 것이 아니라 자신의 의도에 맞게 변형해서 기억을 떠올리기 때문이랍니다.

믿지 못하시겠다고요? 그러면 여러분의 생후 6개월 때의 기억을 떠올려 보세요. 6개월은 너무 심하다고요? 두 살은 어떤가요? 그래도 너무하다고요? 만약 뇌가 하드 디스크 같다면 제품이 출시된

직후에 저장했다고 해서 자료를 꺼내 보지 못하지는 않겠지요? 불량이 아니라면 말입니다. 분명히 생후 6개월이나 두 살에도 뇌는 있었고, 울고불고한 사건도 있었을 텐데 기억나는 것은 거의 없습니다. 대부분 다섯 살이나 여섯 살부터 기억이 납니다. 기억은 단순히 어떤 사건을 저장하고 꺼내는 것이 아니라, 의미를 이해한 뒤 저장하고 또 의미를 생각하며 꺼내는 과정이기 때문이에요. 그래서 기억도 언어 능력이 발달한 시점부터 더 잘 납니다.

더 나이가 들어서 있었던 일이라도 의미가 없던 것은 잊어버리게 되지요. 여러분도 한 달 전의 일들을 떠올려 보세요. 의미가 있던 것부터 쉽게 떠올려지고 나머지는 기억이라기보다는 추측에 가까울 거예요. 한 달 전 뇌가 꺼져 있어 어떤 사건을 경험하지 않아서는 아닙니다. 의미의 문제랍니다.

다섯 살 이전의 사건이어도 기억하는 경우가 있어요. 크게 생존을 위협했거나 너무 놀라거나 슬프거나 기뻤던 사건은 언어의 도움을 받지 않아도 충분히 저장되고 나중에 꺼내서 이야기할 만한 의미가 있기 때문이랍니다.

여기서 우리는 중요한 포인트를 알 수 있습니다. 의미를 중심으로 공부하면 쉽게 잊어버리지 않고 정확히 기억하는 이유. 벼락치기로 의미도 모르고 암기했던 것은 시험을 보고 니서 곧 잊어버리는 이유도 아실 수 있을 것입니다.

모든 것을 정확히 기억하면 좋을까?

학습 클리닉 때문에 저를 찾은 학생은 모든 것을 다 기억하면 정말 좋겠다고 말합니다. 공부하는 족족 시험에 나오면 다 맞혀서 행복할 거라면서요. 하지만 사실은 전혀 그렇지 않아요. 저는 그런 학생에게는 기억 천재 이야기를 해 줍니다.

러시아의 솔로몬 세라세프스키Solomon-Veniaminovich Shereshevsky는 기억 천재로 유명해요. 세라세프스키는 아무리 긴 단어 목록을 보여 줘도 단 한 번 만에 줄줄 외울 수 있는 사람이었어요. 세라세프스키는 그냥 외우는 게 아니라 순서를 거꾸로도 암기할 수 있었고 몇 번째 단어가 뭐였는지도 금방 말할 수 있었습니다. 그에게는 암기에 관한 한 한계가 없어 보이지요? 심지어 그의 기억은 수십 년간 변함없이 지속되었어요. 루리아는 무려 40년 동안 매년 그를 만나서 예전에 보여 줬던 목록을 다시 외워 보라고 했는데 그때마다 그는 그동안 봐 온 모든 목록을 줄줄 외워댔습니다.

그런데 그에게는 약점이 있었습니다. 기억을 그저 저장만 할 줄 알았지 능동적으로 변화시킬 수는 없었어요. 그러다 보니 창의력과 상상력이 부족했습니다. 정확히 머릿속에 있던 것을 꺼낼 수는 있었어도 그것을 재료로 다시 변형해 새로운 것을 만들어 내지 못했어요.

그는 사람들의 얼굴도 잘 기억하지 못했어요. 기억 천재가 얼굴을 잘 기억하지 못하다니 이해가 안 되지요? 정확하게 말하자면 그는 얼굴을 아주 정확히 기억했습니다. 다만 그것을 사람과 짝을 맞추지 못했습니다. 사람의 얼굴은 수염이 자라거나 머리 길이가 달라지거나 낯빛이 달라지는 등 변화무쌍하지요. 그럼에도 불구하고 보통 사람은 상대를 같은 사람으로 기억을 합니다.

하지만 세라세프스키는 정확한 기억력 때문에 그 얼굴을 모두 다른 얼굴이라고 생각했습니다. 매번 완전히 다른 사람에 둘러싸여 사는 기분 때문에 힘들어했어요. 심지어 그의 눈에는 거울에 비친 자신의 얼굴도 날마다 새롭게 보였습니다. 조금씩 변해 가는 자신의 모습을 받아들이기 힘들었지요. 덕분에 그의 머릿속은 언제나 혼란스러웠습니다. 그동안 보고 들은 모든 것이 머릿속에서 떠다녔고, 수많은 이미지가 끊임없이 튀어나와서 잠도 제대로 잘 수 없었다고 합니다. 이쯤 되고 나니, 천재는 '천하의 재수가 없는 사람'의 준말이라는 농담이 더 이상 농담처럼 느껴지지 않습니다. 정말 불쌍한 기억·천재지요?

기억을 정확하게 모두 다 할 수 있는 것은 적응에 큰 문제를 일으킬 수 있어요. 적당히 기억하고, 왜곡하고, 잊어버리는 것이 오히려 적응에는 더 도움이 되기 때문에 일반인들은 적당한 기억 능력만 가진 거예요.

물론 치매에 걸려서 다른 사람과 자신에 대한 모든 기억을 잊는 것도 문제가 돼요. 제가 "적당히"라고 말했던 것을 잊지 마세요. 공부하거나 분명히 경험했는데도 적당히 기억하고 적당히 잊어버리는 것은 어찌 보면 우리의 행복을 지켜내기 위한 마음의 노력 때문일 수도 있어요.

기억은 어떻게 머릿속에 저장될까?

기억을 잘하려면 기억과 관련된 세부 과정을 잘 알아야 합니다. 일단 기억을 하려면 정보를 어떻게든 마음속에 입력하는 과정이 필요하답니다. 심리학에서는 이 과정을 암호화encoding라고 해요. 번역하는 사람에 따라 부호화라고도 부릅니다.

암호화는 말 그대로 감각기관을 통해 들어온 외부 정보를 마음속의 암호code로 바꿔 넣는 과정이에요. 부호화는 청각적, 시각적, 촉각적, 공감각적, 의미적 암호 등 다양한 암호로 이뤄질 수 있어요. 어떤 기억은 소리만 기억나고, 어떤 기억은 사진처럼 기억나고, 어떤 것은 아스라한 첫사랑의 손길처럼 촉각만 기억나지요. 저도 옛날 첫…… 앗, 정신 차리고 설명을 계속할게요.

그런데 군대에서도 날마다 상황에 따라 쓰는 암호가 달라지듯이, 마음속 암호도 그 사람의 신체적 상태, 심리적 상태, 사회적 상태 등에 따라 다를 수밖에 없어요.

그날 많이 피곤하다면 암호화가 잘 될까요? 심리적으로 불안하다면? 사회적으로 주변 환경이 혼란스럽다면? 그래서 일단 기억을 잘하려면 건강한 신체 상태, 안정적인 마음, 주변의 도움 혹은 평화로움이 있어야 해요. 이렇게 암호화 단계부터 기억의 양이나 질이 차이가 나지요.

암호화 과정을 거친 기억 요소는 우리의 뇌에 저장됩니다. 드디어 저장이라는 말이 나오네요. 바로 저장되는 것이 아니라는 사실을 기억하시면서 앞으로의 설명을 들어 보세요.

기억 요소들이 저장되면서 기존의 기억 요소와 결합하기도 해요. 기쁜 일은 기쁜 일대로, 슬픈 일은 슬픈 일대로, 수학 지식은 수학 지식으로요. 마치 폴더에 새로운 서류를 넣는 식으로요. 그래서 이야기를 할 때 기억 요소를 그냥 하나만 떠올려 말하는 것으로 끝나는 경우가 거의 없어요. 한번 입을 열면 그것과 연관된 하나의 스토리가 줄줄 나오는 것도 저장할 때 기존의 것과 연결되기 때문이에요. 그래서 제가 아까 암호화 설명하다가 첫사랑…… 앗, 다시 정신 차릴게요.

그런데 떠오르는 기억의 내용을 보면 그 특성이 다름을 알 수 있어요. 어떤 것은 단기간 유지되는 기억이고, 어떤 것은 긴 시간 동안 유지되는 기억이지요. 이것을 학문적으로는 각각 단기 기억STM, short-term memory과 장기 기억LTM, long-term memory이라고 불러요.

단기 기억은 장기 기억 선반에서 내린 것들을 잠깐 작업대에 올려 작업한다는 점에서 작업 기억working memory이라고도 해요. 컴퓨터 하드 디스크에 있는 자료를 RAM을 통해 구동하는 것처럼요. 하드 디스크 용량이 아무리 넉넉해도 RAM 용량이 적으면 처리 속도도 느리고 어떤 때는 중간에 프로그램이 멈추삲아요? 기억하는 것이 많아도 작업 기억 용량이 충분하지 않으면 기억하려고 안간힘을 써도 결국 기억나지 않게 돼요. 시험 볼 때 많이 일어나는 일이지요. 제시문이 길어서 그것을 읽느라 작업 기억 용량이 한계에 다다르는 바람에 문제를 볼 때는 제시문의 내용을 다 잊는 거죠. 그래서 문제를 다 읽고 나서 제시문을 보면 문제의 핵심 질문을 잊고요. 이런 것도 작업 기억의 특성 때문에 그래요.

현실 세계의 작업대 크기가 한계가 있듯이 작업 기억 용량에도 한계가 있어요. 일상생활에서 여러 가지 것을 동시에 처리하고 방금 들은 이야기나 전화번호를 기억하는 것에 한계가 있는 것도 작업 기억의 한계 때문이에요. 대체로 사람들은 30초 동안 벌어진 일은 무리 없이 기억해요. 숫자는 7개 정도를 기억하는데 이 역시 작업 기억 용량 범위 안에 있기 때문이에요.

만약 작업 기억 용량이 크면 어떻게 될까요? 그만큼 순간적으로 기억할 수 있는 숫자나 사건의 양이 많아져 다른 사람보다 나은 성과를 얻게 될 거예요. 그렇다면 어떻게 해야 작업 기억 용량을 키울 수 있을까요? 간단한 뇌 훈련 프로그램이나 기억 게임, 퍼즐 대부분이 사실 작업 기억의 양을 집중적으로 늘리는 것들이에요. 집중해서 공부하는 시간을 늘리는 것도 도움이 되지요.

그런데 작업 기억 용량만 키우면 될까요? 어떤 학생이 신나게 퍼즐을 풀면서 작업 기억 용량을 늘렸다고 저절로 역사 지식이 늘어날까요? RAM은 수십 기가에 달할 정도로 최고 사양인데 하드 디스크가 50메가라면 프로그램은 팽팽 돌아도 불러올 정보가 없어서 화면에는 아무 일도 일어나지 않을 거예요. 마찬가지로 기억을 잘하려면 기억의 다른 종류인 장기 기억을 활용하는 훈련도 해야 효과를 볼 수 있답니다.

기억에도 종류가 있다

여기에서 더 주의해야 해요. 장기 기억은 한 뭉텅이의 기억이 아니에요. 장기 기억은 각각 다른 기억으로 이뤄져 있답니다. 캐나나 토론토 대학 심리학과의 엔델 툴빙Endel Tulving 교수는 장기 기억을 절차적 기억procedural memory과 서술적 기억declarative memory 등으로 나누었는데 이 분류는 현재까지 이어지고 있어요. 절차적 기억은 자전거를 타는 것과 같이 어떤 일의 절차에 대한 기억이에요. 서술적 기억은 자전거의 역사, 구조나 이름과 같이 어떤 일의 의미와 관련된 기억이지요.

서술적 기억이 많다고 해서 절차적 지식이 많은 것은 아니에요. 즉 자전거 역사를 달달 외운다고 해서 자전거를 꼭 잘 탈 수 있는 것은 아니잖아요? 만약 교과목이 역사와 같이 서술적 지식이 더 많이 필요한데 수학처럼 절차적 지식을 더 기억하려 한다면? 당연히 노력한 것에 비해 효과가 많이 나지 않을 거예요. 물론 서술적 기억과 절차적 기억을 모두 갖고 있는 게 가장 좋지요. 하지만 기본 특성을 알고 암기해야 효과가 있어요.

이 외에도 일화적 기억episodic memory이 있어요. 일화적 기억은 개인의 경험에 대한 기억, 자전적인 사건에 대한 기억이지요. 학교에서 배우는 서술적 기억과 절차적 기억은 별로인데, 자신이 겪은 일이나 자신이 좋아하는 연예인에 대한 사건 등은 기가 막히게 잘 기억하는 사람도 있잖아요? 팩트 폭력이라고요? 아니, 제 이야기였어요. 덕분에 저는 예전에 경험한 일화들을 글로 우려내는 작가가 되었답니다.

치매에 걸린 사람들은 작업 기억도 문제를 보이지만, 그보다 이런 장기 기억이 더 심각하게 망가진 경우가 많아요. 서술적 기억이 손상되어서 사물을 봐도 그 이름을 알지 못하거나 그게 뭐에 쓰는 물건인지 모르고, 절차적 기억이 손상되어 어떻게 쓰는지도 몰라서 제대로 활용하지 못해요. 그리고 자기가 경험한 일화적 기억이 망가져 결국 자기 자신이 누구인지, 그 기억과 연관된 사람이 누구인지도 알아보지 못하게 되고요. 어떤 치매 환자는 일화적 기억은 완벽한데, 자신이 주로 쓰던 도구를 못 쓰기도 해요. 이런 식으로 기억의 종류는 나뉘어 있답니다.

기억이 여러 종류로 다르게 저장된다는 사실은 우리는 평상시에는 잘 못 느껴요. 거의 자동으로 일어나기 때문에 아주 쉽게 기억난다고 생각하지요. 하지만 치매 환자나 사고로 뇌 손상을 입은 환자의 사례를 보면 기억은 복잡한 과정을 거쳐야만 저장하고, 불러올 수 있답니다.

이제 끝인 것 같지요? 아니에요. 서술적 기억, 절차적 기억, 일화적 기억을 정상적으로 저장했다고 해서 저절로 기억나는 것은 아니에요. 저장한 것을 꺼내오는 과정이 필요해요. 이 과정을 인출 retrieval이라고 해요. 말 그대로 은행에 넣어둔 돈을 꺼내 오는 인출과 비슷해요. 아무리 은행에 돈이 많아도 암호로 정해둔 비밀번호를 잊어버리면 돈을 찾을 수 없는 것과 마찬가지로.

아무리 암호화를 잘하고 저장을 많이 해 놨어도 인출을 못 하면 결국 기억이 나지 않을 수밖에 없어요. 일반인의 경우 제대로 기억 못 하는 대부분은 저장을 잘 못한 게 아니라, 인출을 잘 못했기 때문이에요.

인출을 잘하려면 그만큼 비밀번호를 떠올릴 단서가 풍부해야겠지요? 웹사이트에서 아이디와 비밀번호를 잊어버렸을 때 하는 조치를 생각해 보세요. "당신의 별명은?"과 같은 질문으로 비밀번호를 찾을 기회를 주는 것처럼, 여러분도 인출 비밀번호를 잊어버렸을 때 기억을 찾을 수 있는 단서를 많이 확보한다면 그만큼 인출에 성공할 확률이 높아질 거예요. 비밀번호를 자주 속으로 떠올리거나 메모하거나 연상이 쉬운 단어를 넣어 놓거나 더 잘 기억할 수 있도록 요약 정리하는 것이 모두 인출 확률을 높이기 위한 노력입니다. 기억술이나 학습에서 강조하는 것도 대부분 인출 과정에 대한 거예요.

"난 기억력이 좋지 않아."라는 말은 "나는 인출 전략이 좋지 않아."라는 말에 더 가까워요. 인출을 잘하기 위해서 정리도 다양하게 하고, 소리 내어 읽기도 하고, 사진을 찍듯이 내용을 보고, 다른 것과 연상시키기도 하는 등 노력하면 기억이 더 잘 날 거예요.

기억은 오묘해요. 시험지를 받고 문제를 풀면서 '아, 이거다.' 하고 기억이 나서 답을 골랐는데 틀리는 경우도 있거든요. 즉 인출은 잘 되었지만 정확하지 않아서 일어나는 일이죠.

생생하게 기억나는 것이라면 믿을 수 있을까요? 여러분 주변에는 세 살 때의 일을 아주 생생하게 기억하는 사람이 있을 거예요. 사건에 대한 아주 구체적인 묘사를 듣다 보면 정말 기억력이 대단하다고 감탄하게 돼요. 그런데 연구에 따르면 그 정확성이 기대만큼 높지 않아요. 잘 보면 그런 사람도 당시의 생활 전체를 자세히 기억하지 못하는 것을 확인할 수 있어요.

사실 우리는 자신에게 일어난 사건 모두를 골고루 잘 기억하지는 않아요. 단지 감각적 인상을 바탕으로 특정 사건들만 선택해서 기억하지요. 사건 자체가 발생한 것에 대해서는 일치도가 88%에 달해서 비교적 높은 편이에요. 하지만 그때 개인이 보인 감정이나 태도에 대해서는 절반에 조금 못 미치는 43% 정도만 일치하는 것으로 여러 연구에서 밝히고 있어요. 즉 우리는 어느 정도 왜곡해서 우리의 과거를 기억하는 거죠. 생생하지만 약간은 틀리게요.

캐나다 빅토리아대 심리학과의 스티븐 린지Stephen Lindsay 교수가

2006년 발표한 연구에 따르면 사람들은 자신의 진짜 기억과 가짜 기억을 구별할 수 없어요. 린지는 대학생 45명에게 사진을 보여 주며 초등학교 때에 벌어졌던 일이라며 세 가지 이야기를 들려주었어요. 사실은 세 가지 이야기 중 두 가지는 부모에게서 들은 진짜 이야기고, 나머지는 그럴듯하게 조작한 이야기였어요. 하지만 실험 참가자의 3분의 2가 가짜 이야기도 사실로 믿었어요. 더 재미있는 것은 생생한 초등학교 시절의 사진이 조작된 이야기를 믿게 하는 데 극적인 효과를 일으켰다는 점입니다. 사진을 줬을 때 45명 가운데 67%가 조작된 이야기를 믿었던 반면, 사진을 주지 않았을 때는 25%만 그 이야기를 믿었어요. 사진이 없을 때는 믿는 사람의 숫자가 절반 이하로 떨어진 셈이지요.

어린 시절 디즈니랜드를 갔던 경험이 있던 대학생에게 당시 풍경이라며 여러 사진을 보여 주면 생생하게 그때의 기억을 인출했어요. 사진에 있던 벅스바니와 논 기억을 대부분 이야기했어요. 하지만 벅스 바니는 워너브라더스의 캐릭터라서 디즈니랜드에 있을 수 없어요. 즉 생생하게 인출했지만 그것은 가짜 기억이었답니다.

생생하게 기억난다고 해서 꼭 믿을 수 있는 건 아니에요. 기억이 안 나도 문제, 기억이 너무 잘 나도 문제라면 대체 어떻게 해야 하느냐고요? 정확하게 기억할 수 있는 전략을 써야죠.

기억 전략을 잘 쓰는 배우를 참고하면 돼요. 연극배우들은 대사를 그냥 암기하지는 않아요. 그냥 무턱대고 외울 분량이 아니잖아요? 그리고 배우끼리 합이 맞아야 하는데, 대충 애드리브로 때울 수도 없어요. 정확히 외우기 위해서 그냥 대사만 외우지 않고, 그 대사가 나오는 맥락을 떠올리고, 그때 취할 행동들을 예상하면서 외워요. 즉 인출될 상황과 최대한 비슷한 심리 상태를 만들어서 암기해요.

작업 기억 연구의 권위자인 앨런 배들리Alan Baddeley 박사는 똑같은 기억 대상을 가지고 실험했어요. 잠수부에게 잠수해서 어떤 것을 외우게 하고 나중에 잠수 상태에서 인출하게 했을 때와 물 밖에서 외우게 하고 잠수 상태에서 인출하게 했을 때를 비교했어요. 여러분도 예상할 수 있듯이 공부했던 상황과 기억하는 상황이 일치했을 때가 압도적으로 기억이 잘 되었답니다.

공부할 때도 그냥 외우는 것이 아니라, 이게 시험에 나온다면 어떻게 헷갈리게 나올까를 여러모로 생각하며 외우면 실수할 확률이 줄어들어요.

나이 든 사람 중에 기억력이 좋은 분들도 이런 기억 전략을 사용한답니다. 흔히 나이 든 분들은 무엇을 까먹을 때마다 "나이가 들어 건망증이 생겼다"고 말씀해요. 하지만 사실은 자신의 실수를 덮으려는 비겁한 변명일 뿐이에요. 나이가 들어도 기억은 실제로 그렇게 나빠지지는 않아요. 솔직히 청소년인 여러분도 건망증이 있지 않나요? 그럴 때마다 "나이가 어려 건망증이 있다." 혹은 "나이가 많아 건망증이 있다."고 말하지는 않잖아요?

노인들이 치매에 걸리지 않는 한 기억 용량은 젊었을 때와 별로 차이가 없어요. 단지 기억하고자 하는 의지가 별로 없을 뿐이지요. 배우도 자신이 출연하기 싫은 연극 무대에 선다면 대사를 외우는 게 힘들 거예요. 앞에서 살펴본 동기가 큰 역할을 하는 거죠.

여러분도 공부할 때 외운 것이 시험에 꼭 나올 거라는 마음으로 한다면 더 잘 외울 수 있을 거예요. 시험에 나오는 상황을 떠올리며 지금 공부한 것을 딱딱 맞히는 상상을 하면 더 신나게 외울 수 있겠죠.

어떻게 하면 기억을 잘할 수 있을까?

기억술의 종류는 많지만 심리학적 원리에 충실한 것 몇 가지만 뽑아 소개해 볼게요.

첫째, 이미지 연상법입니다. 어떤 것을 외워야 한다면 시각적인 이미지화를 시키는 것입니다. 영어 단어 책 중에서도 단어를 그림과 함께 보여 주기도 하고, 사전에서도 그림이 들어간 것이 있잖아요? 이런 것이 페이지 수를 늘리기 위한 게 아니라 기억을 돕기 위한 것이랍니다.

심리학자 앨런 파비오Allan Paivio의 이론에 따르면 사람의 인지 과정에서는 글자를 처리하는 통로와 이미지를 처리하는 통로를 구별합니다. 그런데 만약 글자를 처리하는 통로로 처리한 것이 시원치 않다면 잘 기억나지 않겠지요? 그러니 다른 통로를 예비로 만들어 놓는 것이 지혜로운 선택일 거예요. 글자를 글자로 이해하는 것보다 시각적인 다른 이미지로 연상해서 이해하기가 더 쉽고 빠르지요.

다른 나라에 가서도 꼭 영어를 몰라서가 아니라 화살표로 된 도로 표지판이나 간단한 픽토그램으로 된 화장실 표지가 더 이해가 잘되어 눈에 잘 들어오는 것을 생각해 보세요. 만약 자신이 공부하는 내용을 도표로 만들거나 그림을 그리는 등 하나의 영상으로 떠올리며 암기한다면 나중에 훨씬 쉽고 재미있게 기억해 낼 수 있을 것입니다.

둘째, SQRRR, 혹은 SQ3R이라고 부르는 기법입니다. 이것은 의미를 중심으로 기억이 되는 특성을 활용한 공부법이에요. SQ3R은 전체 개관summary—내용에 대한 질문question—본문 읽기read—요점 암송recite—복습review의 과정으로 되어 있으며, 각 과성의 약자를 따서 만든 용어입니다. 이렇게 공부하면 내용을 좀 더 능동적으로 처리하게 되며, 자신의 취향에 따라 흥미 있게 지식을 체계화할 수 있다는 장점이 있어요.

청소년 시절에 접하는 교과서도 이런 체제를 갖고 있답니다. 단원 목표를 통해 내용의 핵심을 개관하는 동시에 주요 질문을 정리하지요. 그다음에 본문이 나오고, 교과서의 연습문제나 선생님의 질문을 통해 요점을 암송하게 합니다. 그리고 정식 시험을 통해 복습할 기회를 줍니다. 그냥 생각 없이 좋아서 한다면 이 또한 주입식 공부법이 되겠지만, 원래는 아주 능동적인 공부법이었습니다.

개략적으로 책의 목차를 훑어보고 내용을 살펴본 다음 맥을 잡아 보세요. 그다음에 왜 이렇게 쓴 것일까 하는 질문을 하면서 마치 저자와 대화하듯이 책을 읽어 보고요. 그리고 요점이 무엇인지 공책에 쓰고 나중에 시간이 될 때마다 살펴봅니다. 그리고 다른 책을 보다가 연관되는 점이 있다면 다시 예전에 공부했던 것을 들춰 보며 복습해요. 그래서 너무 촘촘하게 노트를 정리해도, 교과목들을 하나의 노트에 그날그날 시간 순서대로 정리해도 안 된답니다. 나중에 서로 연관 지을 수 있도록 교과목별로 체계적으로 정리해야 합니다.

세 번째로 정교화 기법입니다. 기억은 뇌에 저장되는데, 기억 흔적이 많은 것이 더 잘 기억됩니다. 기억 흔적을 많이 남기는 데 반복만큼 좋은 것은 없습니다. 하지만 무한대로 똑같은 내용을 반복만 하면 고차원적인 생각을 키우는 데까지 잘 연결되지 않을 수도 있습니다. 그러니 다른 항목과 일부러 연결해 가며 정교화해서 공부하는 것이 좋습니다.

예를 들어 고구려, 백제, 신라의 이름은 초등학생 때 처음 듣는 경우가 많지만, 우리가 역사를 생각하게 된 것은 중학교, 고등학교를 거치며 고구려의 왕과 그의 업적을 짝지우고, 주요 인물을 짝지우고, 주요 사건을 짝지어 가는 식으로 정교화하고, 고구려가 어떤 나라인지를 생각하게 되면서부터예요.

이 모든 전략을 보면서 혹시 귀찮다는 생각이 드셨나요? 좀 힘들고 귀찮게 외워야 더 잘 기억해요. 디지털 치매라는 말 혹시 들어보셨나요? 뇌가 아닌 디지털 기기에 원래 외워야 할 것들을 저장해서 그 기기가 없으면 마치 치매 환자처럼 전혀 기억을 못 하는 거예요. 친한 친구의 전화번호도 막상 번호를 누르려고 하면 머뭇거리게 되지요? 기억상실증이나 치매에 걸린 사람처럼 말이에요.

정확히 기억하려면 그만큼 다양하게 기억 단서를 만들어 저장하려고 노력해야 합니다. 세상에는 다양한 기억 전략이 있는 듯 보이지만 결국에는 이 원리를 응용한 거예요.

텔레비전에 나오는 큰 식당 주인이 손님들의 주문을 다 외우는 것도 다른 기억 단서를 민드는 노력을 한 결과입니다. 예를 들어 만둣국을 시키면 '미', 비빔밥을 시키면 '파' 하는 식으로 자신의 식당에서 나오는 음식에 고유 계이름을 만듭니다. 그런 다음에 손님의 주문을 모두 받으면 하나의 음악이 완성되겠지요. 이런 전략을 쓰는 게 더 번거롭다고 느낄 수 있어요. 물론 손님이 몇 명 없을 때는 이 전략이 유용하지 않아요. 하지만 몇백 명의 주문이라면 그것을 그냥 글자로 기억하는 것은 힘들겠지요?. 만둣국—비빔밥—된장찌개—김치찌개—만둣국—돌솥비빔밥—순두부찌개—파전—비빔밥 식으로 몇백 개의 주문을 있는 그대로 기억하는 것보다는 흥얼거릴 수 있는 하나의 가락으로 만드는 거예요.

주인은 주문을 저장할 때 마치 작곡하듯 넣고, 주방장에게 말할 때는 기억 속에서 유행가를 흥얼거리듯이 곡조를 떠올려가며 음을 각 음식명으로 바꿔 말합니다. 여기에서 주인에게 음악은 일종의 자신만의 암호인 셈이지요. 지금은 그런 일을 컴퓨터가 대신해 주고 주문 번호와 함께 주방에 자동으로 정보를 보내는 시대가 되었지만요.

하지만 지금도 앞글자만 따서 외웠던 화학 원소기호나 역사 사건 발생년도, 왕의 이름 순서를 각자 의미 있는 단서를 암호화해서 기억해야 하는 시대인 것은 똑같아요. 여러분이 의미를 부여해서 암호화할수록 더 강한 기억 단서를 남겨서 쉽게 잊어버리지 않게 돼요. 마치 충격을 받아서 사라지지 않고, 오랜 시간이 지나도 생생하게 남아 회상할 수 있는 기억처럼요.

일단 기억을 저장했다면, 자주 인출하는 훈련을 해야 합니다. '아, 외웠으니 됐다'가 아니라 자신이 외운 것을 수시로 인출해서 정확한지 확인해 봐야 해요. 여러분도 자신이 좋아하는 것, 자신에게 중요했던 것은 수시로 남과 이야기하거나 혼자 생각을 떠올리며 수시로 꺼내 보잖아요? 그렇게 자주 떠올린 기억은 정확히 계속 유지된 걸 느낀 적이 있을 거예요. 그런 점을 활용하는 것입니다. 꺼내고 다시 저장하는 과정을 반복할수록 그것에 대한 기억 흔적은 다른 것에 비해서 더욱더 깊어집니다. 기억 흔적이 강한 것은 뇌 속에 확고하게 저장되어 다음번에도 다른 것들보다 더 잘 꺼낼 수 있도록 좋은 순환을 이룹니다.

이것은 인간 뇌의 특성 때문에 그렇습니다. 인간의 뇌는 몸을 이루는 체세포와는 다르게 정보를 주고받을 수 있는 뉴런neuron이라는 독특한 신경 세포로 되어 있습니다. 그리고 뉴런과 뉴런은 시냅스라고 하는 부위를 통해 정보를 주고받지요. 뇌는 성장할수록 신경 세포의 가지 수가 많아지고, 두터워져요. 신경 전도가 활발히 일어나는 부위의 시냅스는 새로운 가지도 생겨나면서 두터워져 흥분 전도가 훨씬 원활하게 일어나고요. 이런 구조적인 변화로 특정 시냅스 회로가 활성화되어 흥분 전도가 회로를 쉽게 건널 수 있게 됩니다. 신경 세포의 이런 작용 덕에 기억은 더 깊이 더 오래 시냅스에 고정되고, 기억의 흔적으로 새겨져 회상하기 더욱더 쉬워집니다.

자신과 관련 없어 보였던 것도 자신과 인연이 있는 것으로 인식하면 더 잘 기억할 수 있습니다. 그래서 교과목을 포기하지 않고 자신의 삶과 연결하려는 노력이 필요합니다. 의학 서적을 줄줄 외우는 의사는 기억력이 남달라서라기보다는 그 지식이 자신의 삶에 중요한 의미를 지녀서 자주 인출하고 기억 흔적을 더 강하게 만들었기 때문입니다. 그 의사에게 자신과 별 상관없다고 생각하는 요즘 아이돌 그룹들의 멤버 이름들을 외우라고 하면 기억을 제대로 못 합니다. 그런데 자신의 자식들과 소통하기 위해서 외우라고 하면 더 잘 기억하겠지요?

기억 흔적을 더 강하게 하려고 무조건 반복하는 것은 미련한 전략입니다. 반복하기는 하되 자신과 관련지어 가며 의미 있는 것으로 만들어야 합니다. 그래서 기억력을 좋게 하는 전략에 '이해'와 '의미'라는 말이 빠지지 않는 것이랍니다.

자, 간단한 기억 테스트! 기억을 잘하려면 어떻게 해야 한다고 했죠?

6.

공부 잘하는 법, 심리학에 맡겨 봐

학습 조리

이 장을 읽기 전에 스마트 기기로 QR코드를 읽어 주세요. 그리고 동영상이 재생되는 동안 흰색 티셔츠를 입은 그룹이 공을 패스한 수를 세어 주세요. 패스 횟수를 기억한 후 이 장을 읽어 주세요.

집중력과 보이지 않는 고릴라 실험

앞서 동기와 기억 이야기를 하면서 공부와 연관 지어 설명했지요? 스트레스를 주기 위한 것은 아니었어요. 청소년의 관심사 중에 공부가 빠질 수는 없으니, 더 이해를 높이고자, 더 잘 기억하게 돕고자 그런 거예요. 이번 장에서는 심리학을 이용해 공부를 잘하는 방법들에 대해서 더 이야기할까 해요.

심리학은 여러분이 공부 잘하는 방법을 많이 연구했답니다. 그중에서도 꼭 알아두면 좋을 것들을 소개해 드릴게요. 일단 동기를 높여서 공부를 시작했다고 상상해 보세요. 그다음 단계로 뭐가 필요할까요?

간식? 음악? 아니, 그런 것 말고 심리학적인 것으로 말이에요. 맞아요. 주의 집중이 필요하겠지요? 그러면 어떻게 해야 주의 집중을 잘할까요?

혹시 '보이지 않는 고릴라' 실험에 대해 들어 봤나요? 연구자는 실험 참가자에게 먼저 흰색 셔츠를 입은 팀 세 명과 검은색 셔츠를 입은 팀 세 명, 총 여섯 명이 동그랗게 모여 서로 농구공을 패스하는 장면을 보여 줬어요. 실험 참가자에게는 과제로 흰색 셔츠 팀의 패스 횟수를 세도록 했고요.

너무 단순하죠? 그런데 여기에는 다른 과제가 숨어 있어요. 사실은 실험을 시작한 지 얼마 되지 않아 고릴라 분장을 한 사람이 천천히 등장해 카메라 정면을 보고 고릴라처럼 가슴을 두드린 뒤 퇴장합니다. 농구장에 고릴라라니. 영상에 주의 집중하며 패스를 세던 사람이라면 바로 알아차릴 것 같지요? 자, 몇 %나 알아맞혔을까요?

실험 참가자의 42%가 고릴라의 등장을 눈치채지 못했답니다. 혹시 시각에 문제가 있었던 건 아니냐고요? 실험이 끝난 이후 참가자에게 중간에 고릴라가 등장했다고 말해 주고 동영상을 재생하면 다들 고릴라의 등장을 알아챘어요. 그리고 자기 자신이 전에는 왜 못 봤나 의아해했답니다.

왜 보이지 않는 고릴라 실험 이야기를 하냐고요? 이 실험은 우리의 주의 집중력에 대해 많은 것을 알려 주기 때문이에요. 주의 집중의 특성을 알아야 잘 활용할 수 있겠지요? 일단 실험 과정을 공부하는 상황과 비교해서 다시 생각해 보자고요.

우리는 보거나 듣거나 느끼거나 하면 그 정보가 마음에 아로새겨질 것으로 기대해요. 하지만 시각, 청각, 촉각 등의 감각 기관을 통해 들어온 정보는 주의attention라는 여과기를 거칩니다. 더 집중해야 하는 것과 무시해야 하는 것을 걸러 주는 여과기 말이에요. 만약 그렇지 않다면 여러분은 길을 걸을 때 온갖 소음에 집중한 나머지 뇌가 혹사당해 몇 걸음 걷지 못하고 피곤해질 거예요.

토비 맥과이어가 주연한 영화 〈스파이더맨〉 1편에서 스파이더맨이 거미에 물린 다음 날 어디를 가도 갑자기 주변 소음이 잘 들려서, 정확히 말하면 뭉텅이로 크게 들려서 어쩔 줄 몰라 하는 장면을 떠올리면 돼요.

여러분이 공부할 때 주의 집중을 한다며 모든 것에 신경을 쓴다면 어떻게 될까요? 참고서의 종이 촉감, 인쇄 상태, 글자체, 빛에 바랜 정도, 조명에 의한 그림자, 노트에 글씨 쓰면서 나는 소리에 신경 쓰다 보면 어떻게 되겠어요? 뇌는 피로해지고 학습할 내용을 처리할 심리적 자원이 많이 남아 있지 않게 되겠지요?

주의는 모든 것에 심리적 에너지를 쏟는 것이 아니라, 주어진 과제에 심리적 에너지를 집중하는 능력이에요. 그러자면 과제 외의 것에 대해서는 억제할 줄 알아야 합니다. 거꾸로 말하사면 억제를 잘해야 집중력이 높아지지요. 그래서 주의 집중력이 좋은 사람은 주변에 소음이 있어도 신경 쓰지 않고 차분하게 공부할 수 있답니다.

이쯤에서 여러분은 의문이 들 거예요. 42%가 고릴라를 눈치채지 못했다는 말은, 나머지 58%는 눈치를 챘다는 것. 그 사람들은 어떻게 고릴라를 봤을까요?

만약 영상의 처음 부분을 보고 '아, 이건 농구장에서 흔히 있는 모습이잖아.'라며 기존 생각에 많이 휩싸여 패스 숫자를 센 사람이라면 어떨까요? 흔히 농구장에 출연할 것이라 기대하지 않는 고릴라를 볼 수 있었을까요? 기존 관념에 휩싸여 눈으로 들어오는 정보도 무시하게 됩니다. 반대로 사전에 어떤 것이라는 기대를 갖지 않고 있는 그대로 생생하게 관찰하겠다고 마음을 먹은 사람은 어떨까요? 속으로 '이렇게 평범한 장면이지만 뭐가 또 나올지 몰라. 이건 실험이잖아.'라고 하면서 주의를 적당히 분산했을 수도 있지요. 공부하면서 '아, 이건 예전에 들은 이야기잖아.'라고 보는 사람과 '이번 새 학년 과정에도 소개하는 걸 보면 뭔가 새로운 정보가 있을 거야.'라면서 보는 사람은 발견하는 양과 질의 차이가 있겠죠?

멀티태스킹이 아니라 스위치의 문제

여러분 멀티태스킹multi-tasking이라는 말 들어 보셨지요? 동시에 여러 가지 일을 하는 것. 전화 받으면서 이메일에 답장하면서 커피를 마시는 드라마 속 직장인의 모습을 떠올려 보세요. 방에서 게임하면서 메신저에 답장하면서 밖에서 누가 갑자기 문을 벌컥 열고 들어오지 않나 살피는 상황을 떠올려 보거나요. 동시에 여러 가지 일을 모두 잘하는 경우가 많지요?

사실, 함정 질문이었어요. 멀티태스킹은 환상이랍니다. 즉 현실에는 없는 거예요. 전화에 응답할 때는 이메일을 잠시 멈추고, 말을 할 때는 커피를 들이켜지 못해요. 게임하면서 답장할 때는 그 타이밍이 아주 쉬운 게임 미션 상황이거나 자동화되어 별 신경을 쓰지 않아도 되는 상황이에요. 메신저 내용이 심각하면 게임을 잊어버려 낭패를 보거나, 게임에 몰두하면 메신저에 대충 대답해 상대방의 화를 돋우기도 하거나, 게임과 답장에 모두 신경 쓰다 보면 어느새 도끼눈을 한 부모님이 옆에 와 있기도 하지요.

그런데 이 모든 과제를 멀티태스킹 하는 것처럼 고루 잘해 낼 때도 있을 것입니다. 그건 "동시에" 하는 것이 아니라 "재빨리" 주의 집중 대상을 스위칭하기 때문이에요. 게임 클릭을 100분의 1초 안에 하고 2초 동안 그 여파를 살피고 이상이 없다는 것을 확인한

다음, 메신저 보고 답장을 5초 동안 적으면서 10분의 1초 동안 곁눈질로 게임 화면 보고, 밖의 눈치 2초 동안 살피고, 다시 게임 클릭하고……. 순서는 달라질 수 있지만 스위칭하는 것은 변하지 않아요.

인간은 짧게는 30초 길게는 5분 정도의 주의 집중 용량을 가지고 있습니다. 이 용량은 앞서 정보처리를 위한 작업대에 비유한 작업 기억 용량이기도 해요. 용량을 채우고 비우는 식으로 일반인은 한 시간 정도는 별 탈 없이 주의 집중할 수 있지만, 주의력결핍 과다행동장애ADHD 환자는 5분에서 15분을 넘기기가 힘들어요.

여러분이 주의 집중력 장애일까 봐 걱정된다고요? 혹시 이 책을 6장부터 읽기 시작한 것은 아니죠? 앞에서부터 읽었다면 걱정하지 않아도 돼요. ADHD는 애초에 장시간 흐름을 타야 하는 독서 자체가 불가능할 정도로 집중력을 펼칠 작업대가 작은 상태인 거예요. 책을 읽으면서도 자기의 ADHD 여부를 마음의 작업대에 올려놓고 걱정하는 사람에게는 해당하지 않아요.

누구는 작업대가 크고 누구는 작업대가 작다고 했지요? 그런 차이는 있어도 작업대는 유한해요. 작업대의 용량이 다 차면 비워 주거나 옮기고 새것을 받아야 하지요.

멀티태스킹처럼 보이는 것은 용량을 하나의 과제가 다 차지하게 하지 않고, 스위칭해서 나눠 쓰기 때문이에요. 패스 숫자를 세다가

공이 좀 먼 곳으로 패스되는 시점에 '뭐 색다른 게 없나.' 하고 좌우로 슬쩍 눈 한번 굴리는 사람이 고릴라를 보는 거죠. '포트나이트' 같은 게임 속에서 자기장을 피해 캐릭터를 전진시키다가도 마우스를 돌려 시점을 가끔 바꿔 적을 살피거나, 아이템을 확인하는 식으로 아주 잠깐. 하지만 그 시간에 비해서 소득은 크게. 이런 스위칭 전략을 써서 이득을 얻은 경험이 있는 사람은 패스의 숫자를 세건, 직장에서 일하건, 게임을 하건, 공부하건 그 스위칭 전략을 자연스럽게 쓰게 된답니다.

여기서 중요한 포인트가 하나 더 있네요. 버퍼가 5분을 넘기 힘들다면 어떻게 할까요? 수동적으로 책을 몇십 분 눈으로 읽어 나가면 머리에 들어오는 것이 적다는 뜻이겠지요? 공부하면서 핵심 사항에 시각적으로 밑줄 긋고, 눈을 감고 청각적으로 외워 보기도 하는 등 감각 정보도 스위칭해서 여러 기억 흔적도 남기고 지겨움에 빠지지 않게 하는 거예요.

5분의 집중력은 강연하는 사람도 경험적으로 알고 있답니다. 명강사들은 한 항목을 설명하는 데 5분이 넘지 않게 슬라이드를 구성하고, 중간중간 농담이나 화제 전환으로 자연스럽게 주의 집중 대상을 스위칭할 수 있게 유도해요. 그래서 재미가 있으면서도 유익한 공부가 될 수 있도록 하지요.

주의를 고루 분산시키기는 쉽지 않아요. 유타대의 제이슨 왓슨

Jason M. Watson 교수의 연구에 따르면 단지 2.5% 수준의 사람들만이 운전 중에 휴대 전화를 사용해도 사고를 유발하지 않을 정도로 높은 집중력을 갖췄다고 합니다. 즉 동시에 일을 처리하는 것은 힘들어요. 하지만 스위칭은 가능합니다.

이 말을 휴대 전화 봤다가 운전했다를 번갈아 가면서 해도 좋다는 조언으로 오해하지는 말아요. 공부에 대한 조언이지 목숨이 왔다 갔다 하는 일에 대한 조언은 아니니까요. 핵심은 동시에 여러 가지 일을 할 수 있는 주의력을 가진 사람은 2.5%지만, 보이지 않는 고릴라 실험처럼 스위칭할 수 있는 사람은 58% 정도 된다는 점이랍니다. 계속 기억 퍼즐이나 암기력 향상 과제로 작업대 용량을 늘이는 훈련을 하면 67%가 스위칭을 쉽게 해서 고릴라를 알아차릴 수 있게 돼요.

어떤 독자는 고릴라를 눈치채지 못한 42%가 진짜 집중을 잘한 것이고, 58%는 집중하지 못한 것이 아니냐고 따질 수도 있어요. 그런데 이건 잊지 말아야 해요. 58%의 사람들은 고릴라만 본 것이 아니라, 패스 숫자도 정확히 맞혔다는 것을.

주의 집중은 주목해야 하는 대상에 주목하고 다른 것은 무시하는 능력인 것은 맞아요. 하지만 세상에는 예기치 못한 위험도 있고, 예상하지 못한 곳에서 시험 문제가 나오기도 합니다. 주어진 과제에도 집중하고 다른 것도 감지하는 집중력이 진짜 집중력 아닐까요?

집중력 훈련은 어떻게 할까?

집중력을 높이자면 훈련이 필요합니다. 집중력은 고정된 것이 아니라, 쓰면 쓸수록 좋아집니다. 그래서 주의 집중을 잘하는 친구들은 과제를 할수록 더 주의 집중을 잘하게 되지요. 반대로 안 쓰면 집중력은 점점 약해집니다. 어린 시절 한 번 책상에 앉으면 앉아서 내리 2시간 동안 공부했다는 집안 전설의 주인공도 중학생이 되어서 신나게 놀다 보니 책을 펴 놓고는 5분을 넘기기 힘든 경우가 있지 않나요?

처음에는 힘들어도 일단 하나의 지식을 시각, 청각, 촉각 등으로 변화시켜 가며 각각의 감각 정보 용량에 분산해 보세요. 그리고 스위칭해 보세요. 하나의 지식에 대해서 스위칭하는 것이 익숙해졌다면, 하나의 지식에서 다른 지식으로 이동해서 또 여러 가지 감각 정보로 나누어 저장해 보세요. 그것이 익숙해졌다면 각 지식의 특성에 따라 더 주목해야 할 감각 정보를 정하는 훈련을 해 보세요.

예를 들어 갑신정변은 소란스러운 소리보다는 갑신정변 이야기를 보며 떠올린 가상의 사진을 저장하는 게 더 좋겠지요? 그 사진에 1884년이라는 글씨가 들어가 있으면 더 좋겠지요? 갑신정변의 배경은 김옥균이 "조선의 완전 자주독립과 자주 근대화를 추구"했다는 내용의 가상 연설을 듣는 식으로 하는 건 어떨까요? 참고서 중에는 삽화나 팁 박스로 더 생생하게 주목할 지식을 제공하니 그것을 머릿속에 넣으려 노력해도 됩니다.

그리고 갑신정변과 연관된 임오군란으로 넘어가서 웹툰 식으로 나온 참고서의 삽화를 기억하거나 시각적 도표를 머릿속에 넣어도 좋아요. 임오군란 때 왕비가 궁녀로 변장해서 궁궐을 탈출했다는 정보는 시험에 나오기 힘드니 억제하고, 그 사건의 배경이 되는 대원군과 외척 세력의 암투 과정에 더 주목해서 봐야겠지요.

이런 식으로 여러 가지 감각 정보를 오가고, 여러 지식을 오가는 식으로 공부하면 주의 집중 용량도 늘어나고 숨어 있는 지식, 시험에 꼬아서 나올 것 같은 부분을 보물찾기하듯이 공부하면 재미가 있을 거예요.

공부를 미루는 것은 감정의 문제

공부하면 좋다는 건 알고 있지만 미루는 학생도 있을 거예요.

앞서 동기를 다룰 때 이야기한 것과는 좀 다르게 문제 해결책을 이야기해 볼게요.

여러분 '분산 학습'이라고 들어보셨나요? 주의만 분산하는 것이 아니라, 공부하는 양을 분산하는 것입니다.

기계적 학습과 기억 측정 실험 방법을 개척해 초기 심리학에 큰 공헌을 했던 헤르만 에빙하우스Hermann Ebbinghaus 이후 사람들은 왜 새롭게 학습한 내용을 망각하는가에 대해 연구를 했어요. 그 결과 제한된 능력이 있음에도 너무 많은 항목을 단시간에 머릿속으로 넣으려 해서 문제가 생기는 것임을 알게 되었지요. 기억해야 하는 것이 서로 간섭을 일으키니 헷갈리거나 머리만 복잡해지고 무엇을 배웠는지 모르게 되지요. 그래서 주입식으로 마구 외우는 것보다는 시간을 두고 공부 시간을 나눠서 반복해 외우는 것이 효과적이에요.

분산 학습은 꾸준히 공부하는 습관에도 도움이 됩니다. 공부를 미루는 이유는 막상 하려고 하니 양에 질려 스트레스를 받기 때문인데, '아, 이 정도는 할 수 있겠다'는 분량이면 스트레스가 줄어들어 공부할 확률도 높아지겠죠?

미루는 이유를 좀 더 살펴보겠습니다. 사람들은 어떤 일을 꼭 해야겠다고 "생각"합니다. 그런데 막상 생활하다 보면 귀찮거나 힘들거나 재미없다는 "느낌"이 들어 미루지요. 즉 미루기는 그 일에 대한 감정적 반응이랍니다.

심리학자들은 "기분 회복mood repair"으로 미루는 습관을 설명합니다. 공부를 미루는 학생들은 원래 계획한 공부는 부정적 "일"이고, 게임이나 인터넷, 수다 등은 기분을 좋게 만들어 줄 긍정적 활동으로 구분합니다. 일할 때 불편한 감정은 피하고 기분 좋은 활동을 하려고 합니다.

더 나빠질 감정을 고치듯, 다른 것에 열심히 몰두하다 보면 공부를 미루게 됩니다. 시간이 지나면 미룬 것 때문에 기분이 나빠집니다. 그래서 더 큰 결심을 합니다. 분산 학습이 아니라, 미뤘던 목까지 복구할 수 있도록 화끈하게 목표를 세우죠. 가령 진도가 20페이지 뒤처졌으면 40페이지까지 공부하기로 목표를 세웁니다.

하지만 감정적으로는 아직 준비되지 않았으니 그 목표는 더 무리한 일로 보입니다. 그만큼 실행할 가능성이 줄어들지요. 심지어 미룰 것을 예상해서 기한을 넉넉하게 둬도 마찬가지입니다. 왜냐하면 감정이 생각을 이기는 것은 변하지 않으니까요.

학습 목표를 세울 때 무엇이 옳다는 "생각"만 해서는 해결할 수 없습니다. "감정"도 수긍하는 방향으로 움직여야 하죠. 동기에서 말한 것처럼 그 공부의 가치와 의미를 감정적으로 느끼는 것도 중요합니다. 그리고 실제 실행할 때 느끼는 스트레스도 줄여서 작은 목표로 나누는 것도 중요합니다.

여기서 하나 더. 공부를 미루고 다른 즐길 거리를 찾으면 "좋다"는 감정이 아니라, 이렇게 미루는 것이 정말 "지긋지긋하다" 혹은 "이러는 내가 너무 싫다"는 감정에 더 주의를 기울여 보세요. 그러면 그 감정에서 벗어나기 위해 공부를 시작하게 됩니다.

일하지 않고 편하고 싶은 마음만 감정이 아닙니다. 미루는 불쾌함을 더 이상 갖고 싶지 않다는 것도 감정입니다. 어떤 사람은 일을 통해 성취의 기쁨을 더 누리고 싶어 합니다. 그런 사람은 일을 미루지 않겠지요. 이렇듯 미루거나 그렇지 않은 사람 모두 감정의 영향력 안에 있습니다. 미루는 습관이 있는 사람은 이성적으로 어떤 일을 꼭꼭꼭 해야 한다고 자기 세뇌해도 효과가 없습니다. 하지만 자신의 약점이라고 생각했던 민감한 감정에 더 의지한다면 멋진 반전 효과를 거둘 수 있습니다.

이때 너무 큰 목표를 두면 안 됩니다. "일단 시작"이라는 작은 목표를 둬야 합니다. 그 작은 목표를 이루면, 좀 더 양을 늘려서 목표를 잡습니다. 그리고 그 목표를 완수합니다. 그러면 더 이상 자신이 "공부를 미루는 사람"이 아니라, "공부를 하는 사람"이라는 생각과 느낌을 모두 갖게 됩니다. 이렇게 되었을 때 전체 공부 범위를 생각해서 세부 공부 분량과 목표를 나누는 일을 해야 합니다. 이게 바로 미루는 습관에서 벗어날 분산 학습 전략입니다.

교과서만 봐도 정말 공부를 잘할 수 있을까?

당연한 말이지만 지식은 공부하는 순서대로 저장됩니다. 그리고 나중에 머릿속에서 회상하는 것도 순서대로 됩니다. 대부분의 경우 시험도 교과서의 진도 순서대로 나옵니다. 그러니 일정한 순서대로 공부하는 게 좋습니다.

교과서의 내용을 순서대로 만든 목적이 있습니다. 그런데 학생이 마음대로 뒤섞어 공부한다면 내용이 뒤죽박죽 섞여서 기억나겠지요? 분명 공부했는데 혼동이 되다 보니 공부하지 않은 사람과 별반 차이 없는 성적을 받을 수도 있습니다. 그러면 자기 머리가 나쁜 것이라 생각하며 좌절하죠. 머리가 나쁜 게 아니라 공부 방법이 잘못된 것뿐이에요.

교과서는 학습 내용이 다양하게 나옵니다. 그런데 그냥 무작위로 잡다한 지식을 넣은 게 아니에요. 전체 교과목의 관점에 맞는 것, 단원 목표에 맞는 것, 소단원 제목에 맞는 것이 들어가요. 그러니 교과목의 목표와 단원 목표와 제목을 읽고 기억해야 합니다. 암기가 아니라 이해를 해야 해요. 그게 바로 공부하는 "맥락context"이 되거든요.

가령 국어 시간에 많은 시 중 일제 강점기에 쓴 시가 나왔다는 것은 사회적 환경에 따른 개인적 시각 변화와 당시 사람들의 감수성을 이해하기 위한 목적이 강한 거예요. 그러니 시대적 배경과 시인 개인의 특성을 중심으로 공부해야 합니다.

시험 문제로 구체적인 대조법, 과장법 등에 대한 수사법이 나오더라도 먼저 공부해야 할 것은 이런 시의 맥락을 이해하는 일이에요. 그다음에 세부 사항에 관해 공부해야 합니다. 조립식 장난감을 받았을 때 뼈대를 먼저 맞추고, 부가 액세서리를 끼우고 나중에 스티커를 붙여 완성하는 것처럼요.

역사 시간에 조선 후기의 변화를 공부한다면, 전체 흐름에서 신분제가 동요하고 여러 전쟁을 거치며 문화가 실용적으로 변하는 등의 변화에 초점을 둬야 해요. 해당 단원이 조선 전기와 다른 변화이니 조선 전기와 비교하면서 공부해야겠지요. 그런 다음에 고려와 비교하고, 신라와 비교하는 식으로 확장하는 것입니다. 그리고 조선 후기 여러 변화를 하는 와중에도 변하지 않은 것을 예외적으로 암기해야 하고요. 이런 식으로 맥락을 알면 순차적으로 난도를 높이며 공부하는 것도 가능합니다.

이런 공부를 더 재미있게 하려면 체험 학습법을 쓰면 돼요. 철학자이자 심리학자였던 윌리엄 제임스William James나 존 듀이John Dewy 모두 강조한 교육 방법이면서 21세기에도 여전히 강조되고 있죠. 그래서 학교에서도 다양한 체험 학습을 하고 있지요? 그런데 형식에 치우쳐 억지로 학생에게 강요하는 면도 있으니 반발이 생기기도 해요. 하지만 직접 체험하면서 세세한 사항을 챙기고, 지식을 직접 적용하는 기술을 익히면 자기의 지식을 개선할 수 있어요.

앞서 예로 든 국어의 시와 역사에 대해서는 어떻게 해야 할까요? 타임머신을 개발해서 당시 상황으로 가서 체험할 수는 없으니, 우리 마음속에 있는 상상력이라는 타임머신을 이용해야 해요. 여러분도 연예인과 사랑에 빠지는 상상을 하면 생생하게 뭔가 떠오르는 게 있죠? 분명 사실이 아니어도 말입니다. 그 능력을 공부에 쓰는 거예요.

내가 만약 일제 강점기에 태어난 시인이라면 이런 주제로 시를 어떻게 썼을까 상상하면서 시인의 마음을 추적해 보면 응용문제도 풀 수 있어요. 조선 후기에 태어났다면 당시 시대상이 어땠을까, 교과서나 참고서에 나온 여러 유물 사진이나 당시 풍습을 묘사한 그림을 보면서 체험 학습을 하듯이 그 상황에 몰입해 보는 것이 좋습니다. 그러면 시각과 청각, 촉각 등 다양한 경로로 정보가 저장되지요. 잊히지 않는 정보. 그리고 당시 시대상을 고려할 때 맞지 않는 사항을 묻는 응용문제도 풀 수 있게 돼요.

이런 순서대로 공부하고, 맥락을 이해하고, 어떻게든 체험과 가깝게 하는 학습 전략을 쓰는 것은 어려워요. 하지만 일단 시작하면 재미를 더 느낄 수 있어요.

공부를 바둑에 비유해 볼게요. 바둑 초보자는 바둑을 두는 게 힘듭니다. 그뿐만 아니라 자신이 어떻게 두었는지 기억하는 것도 힘들지요. 한 수 한 수 놓기에도 마음이 급합니다. 그런데 바둑의 고수들은 대국 후에 자신이 둔 것을 정확히 기억해내서 상대방과 이야기를 나누거나, 다시 똑같이 두기도 합니다. 옆에서 대국을 구경한 고수도 바둑돌의 위치와 순서를 잘 기억합니다. 이 차이가 무엇일까요?

경험의 차이 때문이라고요? 하지만 단순히 대국 경험이 많고 적음은 아닐 것입니다. 바둑에 입문한 지 얼마 되지 않았어도 기보를 쉽게 외우는 사람이 있고, 오랜 시간이 흘렀어도 도통 수를 제대로 이해하지 못하는 사람도 있으니까요. 그러니 경험이라는 말은 부정확한 단어이니, '의미화의 차이'라고 표현해야 할 거예요. 이미 앞서 이야기했던 것 기억하시지요?

사람의 인지 능력은 한계가 있습니다. 주의력도 한계가 있고, 기억력에도 한계가 있어요. 그래서 주어진 자극에 대한 적절한 지식이 없으면 많은 낱낱의 내용을 따로 기억해야 합니다. 바둑알 하나하나를 기억하려는 초보자처럼 말입니다. 이러면 정보처리 부담이 늘어나서 고차원적인 생각을 할 여유가 없습니다.

반대로 적절한 지식을 바탕으로 바둑알의 배치를 본다면 그냥 바둑알이 퍼져 있는 것이 아니라 어떤 의미, 즉 전후좌우가 있는 이야기로 이해될 것입니다. 실제로 미국의 심리학자 허버트 사이먼Herbert Alexander Simon과 체이스W. G. Chase가 서양 장기인 체스의 고수와 초보자를 비교한 연구에서도 이러한 차이를 발견했어요.

사이먼과 체이스가 연구한 바로는 고수라고 해서 다른 분야에서도 통하는 남다른 능력을 갖추고 있지는 않았습니다. 심지어는 체스에서도 무작위로 말을 배치해 놓으면 초보자와 마찬가지로 말의 위치를 잘 기억해 내지 못했습니다. 즉 고수는 '의미'를 중심으로 처리할 줄 알았기에 말을 별 의미 없이 놓으면 일반인과 비슷한 정도의 능력을 보일 수밖에 없었던 거예요.

인간의 인지 능력은 가혹하게도 '부익부 빈익빈富益富 貧益貧'의 원리를 따릅니다. 단순한 것에서는 고수와 초보자가 별로 구별되지 않지요. 바둑판에 돌 하나 놓고 기억하라고 하면 고수와 초보자의 차이가 없습니다. 하지만 복잡한 것에서는 초보자와 고수의 차이가 확 드러났습니다.

의미화를 잘 시키며 적절한 지식을 연결하는 고수는 새로운 분야도 그런 방식으로 공부합니다. 지식이 많다 보니 또 초보자와 비교가 안 될 수준으로 의미를 잘 연결합니다. 그리고 또 다른 분야의 공부를 해도 그런 패턴이 반복됩니다. 즉 부익부 현상이 계속되는 것이지요. 반대로 초보자는 적절하게 연결할 지식이 없다 보니 뭘 해도 계속 빈익빈이 될 수밖에 없고요.

가혹하게 들리겠지만, 지금 공부 능력이 별로 없는데 그냥 놔둔다면 계속 빈익빈이 될 것입니다. 희망 고문처럼 들리겠지만, 공부를 계속하면 부익부가 되기도 해요. 공부가 힘들수록 공부를 해야 나아집니다. 구구단도 처음에는 외우기 힘들었지만, 어느 순간에 위기를 돌파했던 것처럼요.

바둑의 경우 처음에 일정 수준으로 지식을 형성하는 게 힘들지, 어느 정도 지식이 쌓이면 금방 수를 내다보게 되고 다른 수와 연결하고, 기보에서 본 것을 그대로 따라 하는 것이 아니라 자신만의 전략도 개발하게 되지요. 그리고 그 전략을 다른 사람과 비교하기도 하고, 점검하면서 개선합니다.

공부하는 데 급급한 것이 아니라 자신을 돌아보게 되기 때문에 적절한 학습 전략을 활용하는 것이 아주 중요합니다. 고수들은 자신의 한계에 부딪혔을 때 방법을 바꾸면서 한 차원 더 높은 수준으로 도약합니다.

교과서로 공부하는 게 답답하고, 시험 족보나 정리가 잘된 노트로 공부하는 게 더 좋아 보일 수 있습니다. 그런데 그 족보와 노트로 공부한 사람은 자신의 공부 노하우가 없습니다. 공부 노하우가 있어야 대학교 가서도 리포트를 쓰고 논문을 씁니다. 회사에 취직해서 자기 일에 대한 노하우가 들어간 보고서도 쓰지요.

처음에는 힘들겠지만 자신의 공부 노하우를 키우는 데 교과서가 가장 좋습니다. 그렇다고 참고서와 문제집을 보지 말라는 것은 아니에요.

교과서로 핵심 사항을 정리하고, 참고서에 나온 특별히 주목해야 할 것을 옮겨 적고, 문제집에서 틀린 문제를 분석해서 왜 틀렸는지 이해하고 다른 문제에 대비하면서 문제 풀이 전략을 수정하는 식으로 공부해 보세요. 문제집에 본 문제가 시험에 똑같이 나올 확률은 그다지 높지 않지만, 그 문제가 건드린 교과서 내용은 얼마든지 변형되어 나올 수 있거든요.

뼈대는 교과서로 하고, 살은 참고서, 문제집, 시험 족보, 노트 등으로 붙이기를 추천합니다. 교과서 아닌 다른 것부터 보면 무엇이 중요한지 모르고 오로지 맥락 없이 문제로 나오는 것에만 집중하기 쉽습니다. 변별력을 높이기 위해 꼬아 낸 문제, 즉 고릴라가 언제 나오는지에만 집중해서 기본적인 과제인 패스 수 세기를 게을리하면 안 되겠지요?

내가 뭘 모르는지 아는 게 바로 초인지 학습법

요즘은 학원에서 "초인지 학습법"이라는 선전 문구를 쓰는 경우가 있습니다. 초인지가 뭘까요? 마치 초인superman을 연상시켜서 뭐든지 가능한 학습법처럼 포장되기도 하더군요.

초인지metacognition는 생각에 대한 생각이에요. 말장난이 아니에요. 어떤 식물을 보고 '기분 좋군' 하고 생각하는 것은 일차적 생각이에요. 하지만 '파란색을 보니 나는 기분 좋다고 생각하고 있군.'이라고 생각한다면 이차적 생각, 즉 초인지예요.

공부와 관련 지어 설명해 볼게요. '갑신정변이 무엇이다'라고 아는 것은 지식이지요? 그런데 '내가 갑신정변에 대해서 알고 있는 것은 무엇이지?'라고 생각하는 게 초인지 중의 한 요소인 초지식이에요. '내가 기억하는 건 무엇이지?'라고 하는 것은 초인지 중의 초기억이고요.

초인지를 높이면 뭐가 좋을까요? 평소에는 공부를 별로 안 하다가 시험 기간이 가까웠을 때 몰아치기 한 학생이 이렇게 말한다면 어떨까요?

"공부 다 했으니 선생님과 친구들이 이번 성적 보면 깜짝 놀랄 거야."

벌써 결과가 예상되지요? 실제 시험을 보고 나면 그 학생이 깜짝 놀랍니다. 예전과 별 차이가 없어서요. 분명히 속속들이 공부해서 많이 알고 있다고 생각했는데 말입니다. 이런 현상이 벌어지는 건 자기의 지식과 생각에 대한 생각, 즉 초인지가 부족해서 자기가 무엇을 모르는지를 모르기 때문입니다. 초인지가 발달하지 않아 자신이 모든 것을 잘 알고 있다고 생각합니다. 그래서 진짜 공부를 더 해야 할 것보다는 그렇지 않은 부분에 매달립니다.

심리학에서는 '자신에 대한 통찰을 통해 무엇을 모르는지 아는 게 중요하다'고 합니다. 공자님 말씀처럼 모르는 것을 아는 것이 참으로 아는 것이지요. 자신이 모르는 것을 보충하기 위한 공부를 해서 빈틈이 없게 됩니다.

그냥 많이 보는 것으로 지식이 커지고 생각을 더 잘하게 된다면, 바둑판을 무턱대고 많이 본 사람이 가장 고수가 되고, 참고서를 휘리릭 계속 넘긴 사람이 최고 성적을 받겠지요? 하지만 현실은 그렇지 않지요. 적절한 지식을 갖춘 다음에 자신의 지식과 생각을 돌아보면서 반성하고 개선하는 과정을 거쳐야만 바둑이나 공부의 고수가 됩니다.

초인지를 잘하면 확실히 공부에 도움이 됩니다. 하지만 초인지가 완벽한 해결책은 아닙니다. 생각을 잘해도 실패할 수 있습니다. 왜냐하면 생각을 잘하는 것은 일이 잘되기 위해 필요한 조건 중 하나이지 전부는 아니기 때문입니다. 능력이 있어도 하고자 하는 동기가 부족하면 인내와 끈기를 다해 일을 추진하지 못해서 실패하겠지요? 초인지가 있더라도 분산 학습을 잘하지 못해서 공부에 대한 스트레스에 짓눌려도 실패하겠지요?

삶 전체의 맥락에서 공부 방향을 정하는 게 자기 주도 학습

무엇보다 초인지는 자기 주도 학습의 한 부분일 뿐입니다. 자기 주도 학습을 흔히 자기가 알아서 공부하는 것이라 오해합니다. 혹은 학원에 다니지 않고 혼자 공부하는 것이라 생각하기도 하지요.

자기 주도 학습은 영어로 self regulation learning입니다. 자신의 삶을 전체적으로 관리regulation하는 입장에서 공부하는 전략입니다. 따라서 삶을 주도적으로 사는 과정에서 공부도 하고 쉬기도 합니다. 학원도 자기 생각에 가야 한다 싶으면 가고, 필요 없다 싶으면 가지 않는 학습 전략이지요.

자기 주도 학습을 하려면 먼저 삶의 방향에 대해 생각해야 합니다. 구체적 직업도 좋지만, 전체적인 삶의 방향을 잡아야 합니다.

예를 들어 '남을 돕는 사람이 되고 싶다'고 생각했다면 사회적인 조건에 대한 이해와 나중에 다양한 계층의 사람들과 관계를 맺기 위해 사회 과목을 집중적으로 듣는 한편, 의사소통 능력 개발을 위해 언어 과목도 열심히 하고, 수행 과제에서 조장이 되었든 조원이 되었든 다른 사람과 협동하는 노하우를 얻으려 노력할 것입니다. 자원봉사는 할당 시간을 채우기 위해 쉬운 일을 찾는 것이 아니라, 남을 실제로 돕는 일을 더 찾을 테고요. 그 결과 성적도 좋게 받을 가능성이 높아지는 것이지요. 성적을 높게 받으려 억지로 학습 전략을 그렇게 만드는 것은 아닙니다.

'돈을 많이 벌고 싶다'고 생각하면 숫자 감각을 익히려 수학을 신경 써야 하고, 자신이 사업을 펼칠 사회와 경제를 이해하기 위한 관련 과목을 공부해야 합니다. 교과목뿐만 아니라 아르바이트를 하거나, 청소년 창업 캠프를 알아보기도 해야 합니다. 이렇게 다양한 활동을 삶의 한 방향에 비춰 어떤 것을 더하고 뺄지를 생각하려면 그냥 생각나는 대로 막 하는 것이 아니라 생각에 대한 생각을 하는 초인지가 필요합니다. 즉 모니터링 능력 말입니다.

자기 주도 학습 전략은 계획을 구체적으로 세우는 것부터 시작합니다. 그리고 직접 실행해 봅니다. 그러면서 초인지를 발휘해서 문제점을 찾고 이미 좋지만 더 좋게 발전시킬 요소를 찾습니다. 그리고 다음 계획에 반영하고, 실행합니다. 그리고 더 좋은 요소를 찾습니다. 이런 과정을 반복하며 자신이 원래 세웠던 삶의 방향을 향해 나아갑니다. 그러다가 삶의 방향 자체를 수정해야 할 이유를 발견하면 초인지로 방향을 바꿉니다. 그저 학교 교과목별로 공부

스케줄을 스스로 세우는 수준이 자기 주도 학습이 아니라는 것, 이해하시겠죠?

자아 정체성에서 이야기한 것처럼 성장을 위해서는 자아 정체성에 대한 고민부터 해야 합니다. 그래야 자기 주도 학습 전략이나 다른 좋은 학습 전략을 쓸 수 있습니다. 자기 주도 학습을 하게 되면 게임을 해도 자기 삶에 도움이 되는 방식으로 합니다.

돈을 버는 것이 목적인 사람은 목표를 정해서 효율적으로 움직이는 전략을 배우고, 아이템 장사를 하기도 하고, 남을 설득해서 아이템을 팔기 위해 마케팅을 배우기도 합니다. 남을 돕는 사람은 개인전보다는 팀플레이 속에서 다양한 상호작용 기술을 배우고요.

이런 식으로 삶의 모든 요소가 공부가 되는 세계가 열립니다. 어떤가요? 생각만 해도 신나지 않나요?

7.

스트레스 없는 세상에 살고 싶다

정신 건강

스트레스는 왜 받는 걸까?

많은 사람이 스트레스를 너무 많이 받는다고 말합니다. 의식적으로 스트레스를 받지 않으려 노력해도 일단 스트레스를 받는 것은 어쩔 수 없다고 하지요. 왜 사람은 스트레스를 받을까요?

사람들은 스트레스는 나쁜 것이라고 말합니다. 하지만 전체 인류사를 놓고 보면 스트레스는 긍정적인 역할을 해 왔습니다. 원시시대부터 불과 200년 전 한반도까지만 해도 사람들이 사는 곳 밖은 맹수와 각종 위험으로 가득했어요. 그러니 큰일을 당하고 나서 후회하기보다는 미리 걱정하거나 겁이 나서 피하는 것이 살아남는 데 도움이 됐습니다. 숲에서 계속 뭔가 부스럭거리는데, 스트레스를 받지 않고 그냥 길을 가다가 호랑이에 잡아먹히게 될 수도 있었으니까요.

하지만 현대에는 가까운 주변에 산도 많지 않을뿐더러 그나마 있는 산에 가더라도 호랑이를 만날 확률은 낮습니다. 그런데도 스트레스는 없어지지 않습니다.

심리학자들은 스트레스를 '개인의 안녕을 위협하는 것이며, 그에 대처하는 것에 부담을 느끼게 하는 상황'이라고 정의합니다. 즉 안녕을 위하는 긍정적인 것이자, 부담이라는 부정적인 것이기도 하지요. 사회가 복잡해지면서 그만큼 스트레스도 많아졌습니다. 그것도 적응을 위한 거예요.

만약 스트레스를 느끼지 않고 죽도록 일만 한다면 어떻게 될까요? 번아웃 어떤 일이나 활동을 하다가 극도의 스트레스를 받아, 정신적·육체적으로 지친 상태 되어 우울해지거나 너무 피로해서 죽게 되겠지요? 그러기 전에 위험 상황이라는 경고인 스트레스를 자기 자신에게 의식하라고 신호를 보내는 거예요.

스트레스는 정신적이 것이지만, 신체적 건강에도 좋지 않습니다. 대표적인 병이 고혈압, 심장병, 뇌졸중, 당뇨, 결핵, 암, 위궤양, 천식, 여드름과 발진, 편두통, 관절염, 각종 통증 등 다양해요.

스트레스는 신체적 병을 일으키지 않더라도 다른 부정적인 영향을 줍니다. 스트레스는 자꾸 문제가 되는 것에 대해서 생각하게 만들어요. 그래서 다른 작업을 해야 하는 순간에도 다른 생각을 하게 해서, 집중력을 방해합니다. 그리고 문제가 되는 것 이외에 주변 사건에 대해서는 무관심하게 돼요. 작업을 대충 해결하려고 하고, 딴생각을 하다 보니 틀에 박힌 행동을 하려고 하지요. 결국 작업 결과가 좋지 않지요. 그러다가 우울증에 걸리기도 하고요.

우울한 기분에서 벗어나고자 술, 담배, 게임, 마약 등 중독될 만한 것을 찾습니다. 그것도 곧 시들해지게 됩니다. 왜냐하면, 자극적인 것은 뇌를 피곤하게 만들어 예전처럼 즐거움을 얻으려면 더 센 자극을 줘야 하거든요. 하지만 어느 수준이 되면 뇌가 완전히 무뎌집니다. 그러면 우울증이 깊어지지요.

스트레스를 무시하면 안 됩니다. 스트레스를 느끼지 않을 수는 없어요. 스트레스를 느끼지 않고 위험한 상황까지 질주해서도 안 되고요. 스트레스를 줄이면서 살아야 합니다.

스트레스를 줄이려면 흔히 쉬면 된다고 생각해요. 그런데 토요일과 일요일에 푹 쉬어도 월요일이 되면 여전히 스트레스를 느끼는 사람이 많아요. 이것은 스트레스를 일으키는 사건을 잠깐 회피한 것에 지나지 않기 때문이에요.

스트레스를 줄이려면 문제가 되는 사건을 잘 분석해서 그 감정을 다스려야 해요. 공부할 때 썼던 분산 학습 방법처럼 "나눠서 정복하기"를 해야 합니다.

공부라는 커다란 일을 단번에 처리하는 게 아니라, 일단 공부하려면 자리에 앉아야 하니 책상과 의자와 친해지는 일부터 시작하는 거예요. 집에서 의자에 앉아 게임하거나 재미있는 책을 읽거나 전화로 수다를 떠는 식으로. 그렇게 자리에 진득하게 앉아 있는 것에 스스로 익숙해지도록 합니다. 그리고 쉬운 과목의 쉬운 문제집부터 공부를 시작하는 식으로 점점 스트레스 강도가 높은 것에 도전해야 해요.

이 과정은 뱀을 보면 스트레스를 받는 사람에게 하는 치료법과 비슷해요. 처음부터 '많이 보면 무감각해질 거야'라면서 뱀을 보여 주면 공포가 더 커져요. 처음에는 귀엽게 생긴 뱀 인형을 보게 합니다. 시간을 두고 익숙해지면 고무 재질의 뱀 장난감을 만지게 하고요. 그리고 그것에도 익숙해지면 작은 뱀을 보여 줍니다. 이런 식으로 공포를 치료해요. 높은 곳에서 무서움을 느끼는 경우에도 작은 계단부터 시작하지요. 단계별로.

뱀이나 높은 곳 모두 자칫 잘못하면 자신의 생명이 위험하기에 조심하는 거예요. 그런데 그게 생각만큼 위험한 것이 아니라는 것을 확인하면 스트레스가 줄어듭니다. 공부하기 싫어 스트레스받는 것도 공부가 그 정도로 힘들지 않다는 것을 경험하면 나아져요. 완전히 없어지는 것은 아니고 줄어듭니다. 그것만으로도 충분히 적응하며 살 수 있어요.

작은 사건과 큰 사건 중 어느 쪽이 스트레스를 더 많이 받을까?

흔히 사소한 일에 대한 스트레스보다는 큰 사건에 의한 충격이 정신 건강에 더 안 좋을 것으로 생각합니다. 하지만 심리학자 리처드 라자루스Richard Lazarus 박사의 연구에 따르면 물건 놓은 곳을 잊어버리는 것이나 약속 시각에 늦는 것과 같은 일상적 골칫거리가 건강에 더 큰 영향을 줍니다. 왜 그럴까요?

스트레스는 한 번 느낀다고 없어지는 것이 아닙니다. 대부분의 문제가 반복되지요. 그러면서 쌓입니다. 그리고 그것은 일회성의 큰 사건으로 받은 충격 양보다 적은 경우가 많습니다. 가족이 교통사고로 죽는 것은 분명 아주 충격적인 일입니다. 하지만 그런 일이 계속 반복되는 일은 극히 드뭅니다.

일상적인 문제는 계속 머릿속에 자취를 남기지만, 큰 사건은 너무 괴로워 잊고자 하는 노력 때문에 자취가 점점 줄어듭니다. 결국 일상적 스트레스가 우리의 정신 건강을 더 많이 좌우합니다. 세찬 소나기보다 물방울 하나하나가 모여 바위를 뚫고 폭포를 만드는 것과 같은 이치입니다.

그런데 많은 사람이 일상의 문제보다는 아직 오지 않은 커다란 사건을 생각하며 스트레스를 받습니다. 스트레스를 받는 일상도 문제지만, 거기에 다른 스트레스를 더하니 상황은 악화됩니다.

이별은 분명 스트레스가 큰 일이지만 생각보다 그리 크지 않아서 기본적인 생활을 할 수 있게 됩니다. 물론 이별 직후 일정 기간은 밥도 잘 먹지 못하고 기운이 빠지기는 하겠지만요.

이런 사실을 고려하면 스트레스를 줄이기 위해 일상 사건에 더 주목할 필요가 있음을 알게 돼요. 일상에 스트레스를 주는 요소는 많습니다. 크게는 물리적 요소와 심리적 요소로 나눌 수 있지요. 물리적 요소는 소음, 빛의 깜박임, 사람들이 밀집한 공간 등과 같은 환경적 조건입니다. 이에 비해 심리적 요소는 신념, 기대, 불안, 좌절 등과 같은 내면적 조건이고요.

물리적 요소는 여러분의 의지로 바꿀 수 있어요. 즉 소음이 있으면 귀에 이어폰을 끼고 좋은 음악을 들으면 되고, 빛이 깜박이면 조명을 바꾸거나 다른 곳으로 가면 됩니다. 물리적 요소를 바꾸면 스트레스가 줄어들어요. 더 좋은 곳으로 이사를 하거나 대청소를 하면 기분이 좋아지면서 새로운 의욕이 솟는 것도 이 때문이죠. 학교에서 청결과 정숙을 강조하는 것도 스트레스 요소를 줄이려는 의미도 있어요.

하지만 현대인은 물리적 요소보다는 대부분 심리적 요소에 의해 스트레스를 받아요. 심리적 요소는 아주 복잡해요. 사람마다 다르기도 하고요. 예를 들어 어떤 사람은 물건을 잃어버리는 것에 좌절하지만, 또 어떤 사람은 그냥 웃어넘깁니다. 즉 스트레스는 자신이 그 사건을 어떻게 평가하거나 해석하느냐에 따라 다르기 때문에 어떤 것이 스트레스다, 아니다라고 단정할 수 없어요. 그래서 일상적인 사건이 더 많이 스트레스를 준다고 하지만 생각을 바꾸면 스트레스를 받지 않는 삶을 살 수도 있어요.

자기가 뭐든지 잘해야 한다고 생각하는 사람은 매 순간 좋은 점수를 받거나 남에게 좋은 인상을 주기 위해 스스로 압력을 가하겠지요. 하지만 사람의 능력에는 한계가 있으니 무슨 일이든 항상 잘한다는 것은 비현실적입니다. 그래서 기대가 좌절되면 스트레스를 받지요. 자신의 능력이 평범하고, 실수할 수도 있다고 인정한다면 그 정도로 스트레스받지는 않을 거예요.

만약 여러분이 일상생활에서 스트레스를 받고 있다면 자기 자신에 대한 기대치를 낮춰 보세요. 타인이 기대하는 수준이 높으면 진지하게 이야기 나눠서 낮추려 해야 합니다. 타인이 낮춰 주지 않는다면, 어차피 그 사람에게는 욕을 먹게 되어 있습니다. 다른 사람의 기준에 맞추려 너무 자신을 몰아가지 않도록 노력해야 합니다.

사건에 대한 주관적 판단을 긍정적으로 가지려 노력하는 것이 가장 중요해요. 그러나 스스로 이렇게 생각하는 것은 힘들겠지요? 그래서 친구의 도움이 필요합니다. 주변의 따뜻한 위로의 말, 내가 잘못되어도 누군가는 변함없이 지지해 주리라는 믿음은 스트레스를 견뎌낼 힘을 줘요. 그래서 스트레스를 줄이려면 친구를 더 많이 사귀라는 말이 있는 거예요. 그 친구가 예술 작품 속 가상 인물이어도 상관없습니다.

친구와 대화하면서 자신을 괴롭히는 문제가 사실은 별것 아니거나 오해라는 사실을 발견할 수도 있습니다. 혹은 해결책을 친구가 제시할 수도 있어요. 친구가 선생님에게 도움을 요청해서 선생님이 나설 수도 있습니다. 혹은 상담 선생님, 전문가가 도움을 줄 수도 있어요. 스트레스를 느끼는 것은 자기 자신이지만, 스트레스에서 벗어나는 일은 자기가 아닌 다른 사람의 도움을 받을 수 있습니다.

일상생활이 주는 스트레스에서 벗어나려면 낙천적으로 생각하는 훈련을 해야 해요. 뭔가를 할 때 좋은 결과가 있을 것이라고 기대하면 스트레스가 줄어들어요. 긍정심리학에서는 낙천주의를 키울 수 있는 가장 확실한 방법으로 감사 일기를 쓰기를 권장합니다.

일기라고 해서 꼭 길게 쓸 필요는 없습니다. 하루에 세 가지씩 감사해야 하는 항목을 짧게 적어 보세요. 처음에는 감사할 일보다 스트레스를 주는 일이 먼저 떠오를 거예요. 그러면 자신보다 못한 사람을 떠올려서 자신은 그런 상황에 부닥치지 않은 것을 감사일기에 적는 것입니다. 집이 없어 거리에 자는 사람이 있는데 자신은 그렇지 않다는 것, 교통사고를 당해서 오늘도 죽은 사람이 있는데 자신은 그렇지 않다는 것, 세상에는 문맹자가 많은데 자신은 글을 읽을 수 있다는 것. 처음에는 '뭐 이런 것까지 감사해야 하나?' 하는 생각에 억지스럽다고 느낄 수 있습니다. 하지만 다음 날 다른 항목을 찾을 때부터는 달라집니다. 자기 일상의 세세한 부분에서 긍정 요소를 발견하려 노력하게 됩니다.

그렇게 한 달을 보내면 90개의 긍정 요소를 자신이 직접 확인할 수 있어요. 1년이면 1,000개가 넘는 감사한 일이 정리되게 됩니다. 1년에 1,000개 넘는 고마운 일을 많이 겪었다는 것을 알고 있는 사람이 부정적으로 되기는 힘듭니다. 그냥 막연히 나는 운이 좋다거나, 앞으로 잘 될 것이라고 다짐하는 것은 추상적이어서 효과가 금방 사라질 수 있습니다. 하지만 직접 자신이 왜 운이 좋은 사람이고, 실제로 하루하루 잘 되어 가는 것을 확인한다면 긍정적으로 될 수밖에 없어요.

우울증에는 왜 빠질까?

스트레스를 받는 상황이 지속하면 우울증에 걸릴 확률이 높아집니다. 스트레스를 오래 받으면 계속 긴장 상태에 있게 되고 위험 요소일지도 모르는 외부 자극에 예민하게 반응하며 경계하게 돼요. 그러다가 스트레스 요소가 없는 때도 불안해집니다.

스트레스를 계속해서 받으면 감정을 관리하는 편도체는 시상하부를 더 많이 자극합니다. 시상하부는 호르몬을 분비하는 뇌하수체에 더 강한 신호를 보내고요. 그러면 스트레스에 더욱더 민감하게 반응하는 식으로 악순환이 생깁니다. 그 결과 좋은 감정을 일으키는 도파민이나 세로토닌 같은 호르몬이 덜 분비되어 우울증, 무기력감을 느끼게 됩니다.

우울증은 신체적 뇌가 아닌 정신적 과정으로 그 원인을 설명할 수 있어요. 만약 자기가 어떤 힘든 일을 겪으며 스트레스를 받더라도 자신의 노력으로 그 결과를 바꿀 수 있다고 믿는다면 우울증에 걸리지는 않습니다. 자신이 아무리 노력해도 결과는 이미 정해져 있고 자신은 실패할 것이라고 믿기에 아무것도 하고 싶지 않을 때 우울증에 걸립니다. 그래서 작은 도전이라도 성공한 경험이 우울증 예방에 중요해요.

특히 우울증은 과거 어떤 사건에 의한 심리적 상처인 트라우마에 의한 경우도 있어요. 트라우마는 상처가 아물지 않은 상태기 때문에 비슷한 다른 사건만 봐도 덧납니다.

뱀에 물려 매우 놀랐던 심리적 상처가 있는 사람은 기다란 호스만 봐도 가슴이 콩닥거리는 것처럼 말이죠. 어렸을 때 부모님이 강압적이어서 제대로 숨도 쉬지 못했던 사람은 다른 어른인 선생님을 봐도 쉽게 친해지지 못하고 경계합니다. 상대도 그런 사람한테

굳이 친하게 다가가지 않기에, 원만하게 관계 맺지 못하는 자기 자신을 답답해합니다. 계속 그렇게 살도록 운명이 정해진 것 같아 우울해집니다.

우울증은 어떻게 알 수 있을까요? 뇌의 역할이나 심리적 작용으로 외부 자극에 활발하게 반응하지 않습니다. 경계하는 데 에너지를 써서 생기가 없습니다. 행동이 굼뜨고, 피곤해서 잠을 계속 잡니다. 수면을 촉진하는 멜라토닌 호르몬의 영향으로 밝음을 싫어해서 방 밖으로 나가려 하지 않고, 방에서도 커튼을 칩니다. 에너지가 없어 다른 사람들과 상호작용하는 것도 싫어합니다. 눈을 마주치지 않으려 하고, 말수가 없어집니다. 기본적 욕구인 식욕이 없어져 체중도 빠집니다.

이렇게 보면 우울증은 쉽게 확인할 수 있을 것 같습니다. 하지만 우울증 중에는 가면 우울증도 있습니다. 즉 우울증에 걸리지 않은 것처럼 가면을 쓰는 것이지요. 겉으로는 활달하고, 남들과도 잘 지내고 자신감 있는 모습을 보입니다. 누구나 자신이 힘들어도 가급적 남에게는 좋은 모습을 보이려는 가면을 쓰기는 합니다. 하지만 가면 우울증에 걸린 사람은 그 가면을 자기의 본래 모습이라고 생각해서 정작 진짜 자기는 돌보지 않아 상처를 키웁니다.

친구들의 도움을 거절하지 않고 항상 응하는 사람, 부모님 말씀을 잘 듣는 사람, 수업 시간에 당당하게 발표하는 사람 등 자신이 생각하는 좋은 "역할"을 정하고 그 역할을 하는 배우처럼 사는 것이죠. 하지만 역할은 어디까지나 역할이고, 자기 자신은 다른 사람입니다. 진짜 자기 자신을 돌볼 시간을 꼭 가져야 하는데, 억지로 자신을 역할에 맞게 밀어붙이다 탈이 나는 거죠.

밖에 비가 오면 장화를 신을 수는 있습니다. 하지만 그 장화를 침대까지 신고 들어오면 방이 지저분해지고 발도 답답하겠지요? 마찬가지로 밖에서의 삶에 잘 적응하려고 쓴 가면을 혼자만의 시간에도 벗지 않은 채 자신을 돌보지 않으면 마음이 답답해집니다. 그러다가 우울증에 걸리게 되고요.

다른 사람이 가면 우울증에 걸린 것을 어떻게 알 수 있을까요? 가면 우울증은 불행히도 알아차리기 힘듭니다. 《나는 가해자의 엄마입니다》(홍한별 옮김, 2016, 반비)라는 책의 저자이자 미국 콜럼바인 고등학교 총기 난사 사건 공범의 어머니인 수 클리볼드는 순회 강연할 정도로 실력 있는 심리전문가였습니다. 그녀는 사건이 일어난 다음에야 자식이 보였던 우울증 징후들을 알아차릴 수 있었습니다. 그녀는 자신의 경험을 거울삼아 가면 우울증의 징후를 정리했는데, 그것을 소개해 드리겠습니다.

첫째, 쉽게 피곤해합니다. 우울증에 걸려도 피곤해할 수 있습니다. 하지만 가면 우울증의 경우에는 명랑한 척해야 하므로 더 많은 에너지를 써야 해서 쉽게 피곤해합니다.

둘째, 자기만의 시간에 지나치게 몰두합니다. 청소년이 되면 주변의 간섭이 싫어서 문을 걸어 잠그는 경우는 있습니다. 그런데 외부에서 명랑한 모습과 달리 방을 어둡게 하고, 그러지 말라고 주의를 주는데도 계속 문을 걸어 잠근다면 가면 우울증에 걸렸을 확률이 높습니다.

셋째, 소화를 잘 못 시킵니다. 마음이 편안해야 소화기관이 제대로 작동합니다. 마음이 불편하면 잘 먹던 음식도 체하는 것이 사람이니까요.

우울증에서 벗어나게 하는 힘, 공감

어떻게 하면 우울증과 가면 우울증에서 벗어날 수 있을까요? 주변에서 힘내라고 응원하는 말이 도움이 될까요? 오히려 힘내라는 말은 자신의 상태가 그만큼 비관적이라는 사실을 확인시켜 줘서 도움이 되지 않습니다.

상대가 '나도 그런 면이 있다'는 공감의 말을 해 주면 힘이 됩니다. 자신이 가장 비극적인 삶을 사는 것 같은 기분에 빠진 우울증 환자는 자신의 입장과 비슷한 사람의 말에 크게 움직입니다.

물론 억지로 꾸며내서는 안 됩니다. 막상 우울한 기분에 있는 사람은 그 상황에서 무엇을 느끼는지 아는 전문가라는 점을 잊지 마세요. 대신 산책을 함께 해 주세요. "이러면 우울증에 좋대"가 아니라 "그냥 나를 위해서 한번 나가 줄래?"라고요. 우울증이라는 말은 자신의 부정적인 이미지를 고착시킬 수 있으니 가급적 쓰지 마시고요.

우울증에 빠진 가장은 생명보험에 들고 자살을 하거나 장기를 팔 생각을 할 정도로 남을 생각하기도 합니다. 자신의 역할 때문에 스트레스를 받아 우울증까지 걸렸으면서도 그 습관을 쉽게 놓지 못해요. 우등생 중에 시험 성적을 비관해서 극단적 선택을 하려는 학생도 부모님의 자랑스러운 자식이라는 역할에서 벗어나지 못합니다. 불행한 일이지만, 이점을 활용하면 반전 효과를 볼 수 있어요.

산책하러 나온다면 시끄러운 차도 옆이나 빌딩 숲을 거닐지 마세요. 물리적 요소가 스트레스를 준다고 앞서 말씀드렸지요? 녹색이 있는 공원이나 숲을 꼭 거니세요. 겨울이라면 식물원에 가시고요. 인간은 진화적으로 수렵 채취 생활을 하던 원시인 때부터 녹색인 것을 보면 생명력이 있다고 판단하게끔 뇌가 설계되어 있답니다. 녹색을 보면 마음이 더 풍요로워지고 안정되는 것을 "녹색 효과"라고 합니다. 그 녹색 효과와 함께 햇볕을 쬐도록 해 주세요.

일반인들도 여러 날 비가 오면 우울해지지요? 멜라토닌 호르몬이 분비돼서 그래요. 햇살을 보면 우리에게 활기를 주는 세로토닌과 노르에피네프린 호르몬이 더 분비돼서 좋아요. 참고로 우울증 치료제는 세로토닌이나 노르에피네프린 호르몬 재흡수 억제를 위해 만든 것이랍니다. 우울증에 걸리면 세로토닌이나 노르에피네프린이 잘 분비되지 않지만, 어쩌다 호르몬이 분비되면 흡수되지 않고 좀 남아 있게 하는 약이지요. 그런데 그 약도 부작용이 있습니다. 체중이 불거나 불면증에 걸린다거나 등등.

햇살과 녹색을 함께 보면 부작용 없이 좋은 호르몬을 분비시킬 수 있습니다. 산책은 가급적 평소 걸음의 두 배 속도로 하려고 노력하세요. 그러면 심장 박동이 높아지면서 뇌에 공급되는 혈류 속도나 양도 더 늘어나 청소 효과가 있답니다.

산책 이외에 운동도 좋습니다. 수영하면 숨을 쉴 때마다 자신이 살아 있다는 것을 느낄 수 있습니다. 살아 있다는 기분. 그게 우울증에 걸려 잊어버렸던 '생기'지요. 팔굽혀펴기도 좋습니다. 처음에는 몇 개 못했는데 자신의 노력에 따라 결과가 달라지는 것을 경험하게 되니까요. 그런 성공 경험을 통해 결과를 바꿀 수 있다는 믿음을 갖게 되어 우울증에서 벗어나게도 됩니다.

우울증은 마음의 병이지만, 운동과 산책으로 몸을 바꾸는 것으로 뇌의 상태를 변화시켜 나아질 수 있습니다. 섣부른 조언보다는 운동을 함께하면서 용기의 말을 건네세요.

자해는 왜 할까?

청소년 중에는 우울한 기분을 떨쳐 버리려 자해하는 친구도 있습니다. 왜 자해하는 것일까요?

길리안 플린의 소설 《몸을 긋는 소녀》(문은실 옮김, 2014, 푸른숲)를 보면 성인이 돼서까지 자해하는 주인공이 나옵니다. 그녀는 신문 기자이고, 겉보기에는 힘든 일을 헤쳐나가는 당당한 사람입니다. 그런 사람이 왜 자해를 할까요?

변태라고 하는 고통으로 쾌락을 느끼는 일부 사람을 제외하고는, 자해하는 사람도 자해가 좋아서 하지는 않습니다. 그리고 남에게 자랑하고 싶어 하지도 않습니다. 일부 청소년은 자해한 상처를 SNS에 올려 인증하는데, 이것은 우울증에 의한 것이 아니라 타인의 관심을 받고 싶어 하는 인정욕구에 의한 것입니다. 이 장에서는 우울증에 의한 자해를 다루겠습니다.

긴소매 옷으로 감출 수 있는 부위나 허벅지 깊은 곳 등을 뾰족한 것으로 자해할 때는 쾌락보다는 고통을 느낍니다. 그런데 그 고통 덕분에 머릿속을 가득 채웠던 부정적인 생각을 떨쳐 버릴 수 있습니다. 그래서 자해한 다음 자책하고 상처로 고통스러워도 계속 자해합니다.

자해에서 벗어나려면 어떻게 해야 할까요? 혼낸다고 될까요? 스트레스를 받으면 그 상황에서 일시적으로 벗어나려고 또 숨어서 자해할 테니 절대 안 됩니다.

아까 제가 말한 것 기억하시지요? 극심한 스트레스를 주는 상황일 때 머릿속을 고통으로 가득 채워 현실에서 도망치려고 자해한다고요. 만약 자해가 아닌 다른 집중할 거리가 있다면 어떨까요?

스트레스가 극심하고 너무 바쁜 직업을 가진 사람 중에는 암벽등반을 하는 이가 많습니다. 다른 생각을 할 틈 없이 오로지 그 순간에만 몰입하게 되니까요. 자신을 계속 괴롭히던 일에서 벗어날 기회지요. 몸은 힘들지만 마음은 쉴 시간을 주는 것입니다.

저는 권투나 격투기도 추천합니다. 제가 서른여덟 살, 우울증에 걸렸을 때 썼던 방법입니다. 그리고 저를 찾아오는 청소년에게 권해서 검증받은 방법이기도 합니다. 헬스클럽에서 운동하면 다른 사람의 시선을 신경 쓰고 저보다 더 몸이 좋은 사람과 비교하게 되어 별로 좋지 않았습니다.

하지만 권투는 오로지 상대와 저의 싸움에 집중할 수밖에 없었습니다. 아, 이 말도 오해하기 쉽네요. 스파링은 운동 시작 후, 6개월 뒤 최소 기본자세를 갖췄을 때나 하는 거예요. 주로 혼자 뛰고 줄넘기하면서 오로지 저 자신과의 싸움에 집중할 수 있었습니다. 체육관을 들어온 저와 나갈 때의 제가 적어도 100m라도 더 뛰고, 줄넘기 10회라도 더 넘은 것을 확인하고 나가는 작은 성공 이력을 코치님이 객관적으로 관리해 줘서 참 좋았습니다. 점점 나아진다는 칭찬도 기분 좋았고요. 그래 봤자 권투 선수가 되지 못한다는 결과는 정해져 있는데도, 내가 노력해서 그래도 뭔가는 변화시킬 수 있다는 느낌만으로도 행복해할 시간을 줬습니다.

택견도 좋았어요. 택견은 스트레칭하는 방법을 가르쳐 준 다음 일주일 후 바로 대련시키며 더 당하지 않기 위한 기술을 스스로 경험으로 터득하게 훈련해서 좋았습니다. 머릿속에 다른 것이 들어올 틈이 없습니다. 다른 격투기 운동도 마찬가지일 것입니다.

돈을 많이 벌면 행복은 저절로 따라올까?

행복하려면 몸만 건강한 것이 아니라, 마음도 건강해야 하겠지요? 그런데 어떤 사람은 행복하려면 몸이나 마음 수련보다 그냥 돈을 더 많이 버는 게 빠른 길이라고 말하기도 해요.

상담하다가 공부를 열심히 하는 것도 결국 돈을 많이 벌어서 행복해지기 위한 것인데, 이미 부모님이 돈이 많은데 왜 굳이 공부해야 하냐고 따지는 학생이 있었어요. 반대로 돈이 없어서 자기는 불행한 삶을 살 거라는 걱정 때문에 지레 우울해하던 학생도 있었습니다.

저도 돈을 벌고 있습니다. 가급적 많이 벌기를 바라지요. 하지만 돈만 많이 벌려고 하지는 않아요. 돈을 잘 못 버니까, 정신 승리를 한다고 어떤 사람은 말할 수도 있어요. 팩트 폭력! 하지만 저는 그 폭력에 대항할 심리학 지식이 있답니다.

심리학 연구 결과에 따르면 돈만 많이 벌어서 행복해지려고 하면 얻는 것보다 잃는 것이 훨씬 많아 결국 불행해진답니다. 그걸 아는 제가 돈만 벌려고 하지는 않겠지요?

일단 돈을 벌기 위해서는 돈에 집중해야겠죠? 그러면 다른 것을 하는 데 쏟을 시간적 여유가 없어집니다. 막연히 돈 벌면 맘껏 즐길 것이라 생각했던 개인의 취미나 가족과 정을 나누며 여유를 가질 시간이 줄어들어요. 대신에 남보다 열심히 일하며 더 많은 스트레스를 얻지요. 계속 스트레스를 받으면 정신 건강에 문제가 생긴다는 것은 앞에서도 말씀드렸지요?

돈에 욕심내기 시작하면 다른 사람과 그만큼 사이가 나빠질 확률도 커져요. 여러분은 항상 돈 이야기를 하며 돈 버는 문제에 집중하는 친구와 다양한 분야의 이야기를 하는 친구 중 어느 쪽에 호감을 더 느낄 것 같으세요? 미국 로체스터대학 심리학과의 팀 카서Tim Kasser와 리처드 라이언Richard Ryan 교수의 연구에 따르면, 돈에 집중할수록 대인관계의 질이나 양이 좋지 않은 것으로 밝혀졌어요. 그리고 중요한 것은 어떤 사람과 나빠진 관계를 다시 돈으로 회복할 수 없다는 사실이에요.

사람들은 고급 파티에서 행복한 미소를 지으며 수준이 비슷한 친구들과 이야기를 나누고, 오성급 호텔 생활 부럽지 않은 생활의 여유를 즐기는 부자의 모습을 상상해요. 실제로 그렇게 사는 부자도 있어요. 하지만 남부럽지 않게 여유로운 생활을 즐길 것 같은 부자도 자신보다 더 부자인 사람을 부러워하며 살아요. 지지 않으려고 더 소비하면서 자랑하는 거죠. 그리고 그 소비를 지탱하기 위해 여전히 돈에 집중하는 생활을 하고요. 다른 개인적인 관계나 사회적 일에서의 성취가 아니라, 오로지 집 크기와 금고에 쌓인 돈으로 자신의 능력을 확인하는 사람이라면 이런 불안감이 클 수밖에 없겠죠?

돈을 덜 벌면 자신의 능력이 도태되었다고 느껴 불안감은 커지고 자신감도 줄어들어요. 실제로는 아직 부자임에도 마음은 가난해져요. 그래서 엄청난 부자인데도 투자 손실을 보았다고 극단적인 선택을 하는 사람도 있는 거예요.

많은 사람이 생활에 있어 돈이 얼마나 중요한지를 강조하며 행복해지는 데도 돈이 중요하다고 주장해요. 물론 돈이 너무 없으면 기본적인 생활이 되지 않으니 행복하지 않겠죠. 그런데 사람들은 이 점을 너무 과장해서 생각하는 게 문제예요.

2002년 노벨 경제학상을 받은 심리학자이자 미국 프린스턴대

심리학과 교수인 대니얼 카너먼은 "연간 수입이 최저 생계비인 약 1,800만 원 이상이면 수입이 증가하는 만큼 행복지수가 높아지지는 않는다"고 주장했어요. 영국 워릭대 경제학과 오스왈드 교수는 "친구 한 명이 떠난 우정의 빈자리를 돈으로 메우려면 약 9,000만 원이 필요하다"고 주장하기도 했고요. 친구가 아닌 애인은 얼마일까도 말해 줬으면 좋았을 텐데…… 농담이에요.

사람들은 걱정 없이 행복한 삶을 살고 싶다면서 심리적으로 안정된 삶 이전에 경제적으로 부자로 사는 모습을 떠올려요. 그 부자가 찰스 디킨스 소설 《크리스마스 캐롤》에 나오는 스크루지 영감이나 셰익스피어의 《베니스의 상인》에 나오는 유대인 상인이나, 각종 막장 드라마에 나오는 정신 상태가 이상한 부자들은 아니에요. 자선 사업과 사회 공헌도 많이 하는 부자죠. 하지만 현실적으로 그런 부자는 많지 않아요. 왜냐하면 돈을 많이 벌기 위해 그런 이타적 마음보다는 이기적 마음을 더 키운 사람이 많거든요.

카서와 라이언 교수 연구팀은 1990년대부터 2000년대에 이르기까지 미국과 러시아, 인도에서 대규모 비교 연구를 했어요. 이 연구 결과에 따르면, 돈이나 명예, 외모 등 흔히 외형적인 성공이라고 불리는 요소를 중시하는 사람들의 삶의 만족도는 그리 크지 않았어요. 그보다는 주변 사람들과 좋은 관계를 맺고 있거나 자신의 재능을 계발하고 사회 활동을 중시하는 사람들이 삶의 만족도가 더 높았어요.

왜 이런 현상이 나타나는 것일까요? 인간은 힘들게 노력하면 새로운 상태를 만들어 낼 수 있어요. 그리고 변화를 계속 만들다 보면 바로 자신이 원하는 상태에 도달하는 경우도 많고요. 그러나 사람은 결코 그 순간에 지속해서 만족해하지 않아요. 새로운 상태에 곧 익숙해지기 때문이에요. 그래서 남들이 객관적으로 보기에는 더 나아졌지만 주관적인 만족 수준은 그 전과 비슷해요. 쳇바퀴를 돌리듯이 열심히 노력하지만, 만족도는 제자리에 머문 상태나 다름없게 되는 거죠. 그런데 외형적인 성공은 이런 측면이 더 강하게 나타나요. 내면의 성공인 주관적 행복과 다르게 계속 객관적인 비교 대상이 보이거든요.

나보다 돈을 더 많이 번 사람, 나보다 예쁜 사람, 나보다 유명한 사람을 언제든 만날 수 있어요. 그러면 불행해지는 거죠. 불행에서 벗어나려 더 악착같이 삽니다. 주변 사람이나 자신의 취미 활동, 사회 활동을 제대로 할 수 없어 그에 대한 내적인 보상을 받거나 만족을 누릴 만한 기회를 얻을 수도 없어요. 열심히 하는데도 뭔가 계속 결핍되는 느낌 속에서 살게 되지요.

심리학자들의 연구 결과에 따르면 외형적인 성공에 대한 동기나 목표가 약간의 효과가 있는 것은 사실이지만, 행복은 주로 내적인 동기를 갖고 있던 것을 성취했을 때에만 도달할 수 있는 것으로 밝혀졌답니다. 이것은 심리학자의 연구 결과일 뿐만 아니라 달라이 라마와 같은 종교인이나 철학자 모두 한결같이 충고하는 바이기도 해요. 부디 정신적 건강과 행복을 만드는 방법을 청소년 때부터 찾아보시기를 응원합니다.

8.
세상이 너무 복잡해

누군가를 혐오한다는 것은?

심리학에서는 개인의 심리뿐만 아니라, 사회 현상에 숨은 심리도 연구합니다. 요즘 가장 이슈가 되는 심리학 주제를 하나 소개해 드릴까요? 여러 사회심리학 개념도 자연스럽게 살펴볼 수 있는 혐오를 선정해 보았습니다.

인터넷 게시판 댓글, SNS 글, 집회 구호 등을 보면 특정 대상을 혐오하는 내용이 많습니다. 극혐, 틀딱, 한남충 등 신조어도 혐오 감정이 섞인 단어가 더 많습니다. 개인적 원한에 의한 것이 아니라 여성, 노인, 경비원, 성 소수자, 복지대상자, 외국인 노동자 등을 대상으로 혐오 범죄도 일어나고 있습니다. 왜 이런 것일까요?

혐오disgust는 미움, 분노, 짜증, 불결하다는 인상 등의 이유로 역겨워하는 감정입니다. 뭔가를 혐오하는 사람을 보면 적극적으로 그 대상과 대면해서 싸우는 것처럼 느껴질 거예요. 심리학적으로는 그 대상을 싫어해서 어떻게든 빨리 없애거나 고개를 돌리고 싶은 마음으로 그런 행동을 하는 것입니다. 태극기 부대가 민주주의를 수호한다면서 자신의 입장과 다른 정치 세력과 민주적인 절차를 거쳐 설득할 수 있는 시간을 참지 못하고 "빨갱이는 죽여도 돼"라며 폭력도 불사했던 것처럼요.

혐오 발언을 하는 사람은 자신이 사회 구성원으로서 당연히 혐오 발언도 시원하게 할 수 있다고 생각합니다. 사회 구성원의 권리가 있다는 거죠. 하지만 그런 사람들은 다른 사회 구성원을 존중해야 할 의무도 있다는 사실은 무시합니다.

여기서 잠깐, 옛날에도 혐오 발언은 있었습니다. 특정 계층을 욕하고, 특정인을 파렴치범으로 몰아 사회적으로 매장했죠. 오랜 기간 유배당한 정약용과 김정희 같은 선비들, 걸출한 독립운동가였지만 쓸쓸한 말로를 맞이했던 김원봉 등 역사적 사례는 많습니다.

하지만 지금처럼 일반인까지 참여해서 극단적으로, 수시로, 집단으로 움직이지는 않았습니다. 그랬다면 역사책에 그런 현상을 모아서 다룬 소단원을 아예 따로 배웠겠지요. 소수가 밀실 공작을 하거나, 자기끼리 몰래 이야기를 나눌 때나 나올 발언과 행동을 요즘은 공공연하게 드러냅니다. 왜 이렇게 된 것일까요?

예전의 드라마를 한번 찾아보세요. 최장수 드라마였던 〈전원일기)에는 많은 등장인물이 나옵니다. 저마다 캐릭터 색깔도 다릅니다. 그런데 그들에게는 공통점이 있습니다. 마을, 가족, 친구 등 공동체 의식이 있었습니다. 요즘 드라마를 한번 찾아보세요. 공동체에 미칠 영향보다는 개인의 이익을 생각하며 당당하게 행동하는 등장인물이 더 많이 나옵니다. 주인공은 착한 사람이라고 해도 마치 세상의 중심이 자기 자신인 것처럼 행동하는 사람이 더 많이 나옵니다. 왜냐하면 나르시시즘이 그만큼 퍼졌기 때문입니다.

나르시시즘Narcissism은 타인보다 자기 자신을 너무나 사랑해서 죽음을 맞이했던 그리스 신화의 나르키소스Narcissus에서 이름을 따왔습니다.

타인보다 자기 자신을 사랑하는 마음으로 세상을 보니, 자신은 특별하다는 생각을 하게 됩니다. 자신에게만 하늘로부터 특별히 주어진 권리가 있다고 생각하고요. 특별한 권리가 있으니 땅콩 때문에 비행기도 회항시킬 수 있습니다. 이런 것은 일부 특권층의 이야기가 아니냐고요? 백화점에서 직원의 뺨을 때리고 무릎 꿇리고, 카페나 식당 직원을 함부로 대하고, 편의점에서 일하는 아르바이트생에게 "갑질"하는 사람들은 특권층이 아니었습니다. 경제적, 정치적 계층은 다르더라도, 심리학적으로는 모두 나르시시즘이라는 공통점을 갖고 있습니다.

나르시시즘에 빠지면 세상의 중심인 나 자신의 권리와 힘, 가치를 과대평가합니다. 대신 다른 사람의 권리와 힘, 가치를 과소평가하지요. 자신보다 열등한 사람들을 데리고 놀듯이 댓글을 달거나 범죄를 저지릅니다. 그런데 사회적 인식이 아예 없는 것은 아니거든요. 그게 부정적인 일로 보일 수도 있다는 정도는 압니다. 자신이 하는 일이 부정적이라는 오해를 받으면 안 된다는 생각에, 그 일에 가치를 부여합니다. 여대에 들어가 알몸으로 활보한 남자의 행동은 "용기", 갑질한 행동은 "소비자 권리 확보" 혹은 "정의 구현" 등으로. 나체 활보와 갑질 등은 미디어에 다루어져서 사회적 파장이 커지기 전까지는 한 번으로 끝내지 못합니다. 세상의 중심이 자기가 아니라는 사실이 드러나기 전까지, 그들은 "가치 있다고 생각하는 일"을 열심히 합니다.

인터넷 댓글을 삭막한 욕을 섞어 가며 다는 것도 스트레스라고 생각할 수 있습니다. 하지만 본인에게는 개인적으로나 사회적으로 의미 있는, 가치 있는 도전입니다. 일회성 놀이보다 더한 재미를 줍니다. 심리학에서는 이런 상태를 "심층 놀이deep play"라고 합니다.

심층 놀이는 인도네시아 발리의 닭싸움 연구에서 나온 개념입니다. 발리 남자들은 닭싸움을 즐깁니다. 축구 대표팀 경기처럼 다들 집중해서 관람하고 선수도 잘하려고 합니다. 문화가 다른 사람들이 보면 왜 저러나 싶겠지만, 그들은 그 일에 개인적 가치와 공동체의 가치를 부여해서 열심입니다.

혐오 댓글을 다는 사람들도 "정의 구현" 등의 표현을 쓰며 자기 행동에 의미를 부여합니다. 그리고 재미도 느낍니다. 다른 혐오 댓글을 다는 사람이 공감 표시를 눌러 주면 더 힘을 냅니다. 그래서 또 혐오 댓글을 다는 악순환이 일어납니다. 그 모습을 보며 다른 사람은 더 큰 공감을 받으려 표현을 세게 하는 댓글을 올립니다. 그래서 혐오 댓글이 넘쳐납니다.

왜 강자가 아니라 약자를 혐오할까?

사회적으로 공공연하게 혐오 받는 대상을 잘 보세요. 자기보다 더 나은 위치의 사람도 미워할 수 있는데, 매번 자기보다 약한 사람을 대상으로 혐오 발언을 쏟아냅니다. 사회적으로나 역사적으로나 약자에 가까운 사람이 자주 혐오 대상이 되었습니다. 이유가 뭘까요?

지금 어린이, 청소년, 청년 세대뿐만 아니라 급격한 산업화 시기에 성장한 중장년 세대도 경쟁에 민감합니다. 인구는 많고 일자리는 적어 높은 경쟁의 벽을 온몸으로 느끼며 성장한 세대죠. 그 세대는 자기 자식들에게 경쟁이 얼마나 중요한지 알게 해 줬습니다. 덕분에 거의 전 세대가 경쟁에 민감해졌습니다. 민감하면 정신적으로 스트레스를 받습니다. 그 스트레스에서 벗어나고 싶습니다. 경쟁은 최고가 되어야만 스트레스에서 벗어날 수 있다고 생각하는데, 현실적으로 최고가 되기는 힘듭니다.

인터넷을 보거나 주변 이야기를 들으면 꼭 나보다 공부 잘하고, 나보다 돈 많이 벌고, 나보다 행복한 사람이 있으니 '이만하면 됐다'는 마음보다는 경쟁심이 타오릅니다. 경쟁심을 만족시키려면 노력해야 하는데, 힘에 부칩니다. 게다가 결과가 어떻게 될지 예측할 수도 없습니다. 그래서 노력을 가장 적게 하고 편하고 빠르고 확실하게 경쟁에서 이긴 기분을 느낄 방법을 찾습니다. 자기보다 위에 있다고 생각하는 사람이 아니라, 아래에 있다고 생각하는 사람을 확실히 깔아뭉개서 상대적으로 자신의 위치가 올라가는 듯한 기분을 느끼는 전략, 즉 혐오를 시작하는 것입니다.

청년 백수 중 일부 남성은 더 열심히 취업 준비를 하기보다는 잠재적 경쟁자인 남성이 아닌 여성을 대상으로 혐오 발언을 쏟아 냅니다. 여성은 역사적으로 사회적 활동이 제한되었던 약자였고, 법조항이나 사회 문화에 불합리한 부분이 많아 조금씩이라도 시정하자는 것인데도 특혜, 역차별이라는 말을 들먹이며 혐오 발언을 합니다. 그러면서 여성보다 우월한 남성의 위치를 자랑합니다. 여성 중 일부는 반격으로 그들이 한 혐오 발언을 그대로 따라 하는 미러링이라는 전략으로 되돌려 주기도 합니다. 그 여성 중의 또 일부는 사회적으로 약자인 성 소수자를 비하하는 혐오 발언을 합니다. 이런 식으로 자신들이 생각하는 서열에서 자기 위치를 상대적으로 높이고자 혐오 발언과 행동을 합니다.

이런 혐오 발언과 행동은 집단으로 더 많이 이뤄집니다. 같은 서열에 있다고 생각하는 사람끼리 뭉칩니다. 불행히도 대한민국의 거의 전 세대는 자아 정체성이 한창 성장할 청소년기에 또래 집단과 충분히 지성과 감성을 교류하며 성장하지 못한 경우가 많습니다.

옆 사람이 친구이지만 경쟁자로 더 많이 인식하게 하는 사회 문화 때문에 내가 알고 있는 것 중에 좋은 것은 숨기고, 혹시나 모임에서 떨려 나가고 다른 애가 그 자리를 차지하지 않을까 싶어 감정도 다 표현하지 못하고 넘어가는 경우가 많았습니다. 비슷한 사람끼리 서로 똑같은 생각과 느낌을 맘껏 나눌 때의 즐거움을 가진 사람이 별로 없습니다. 그런데 혐오 대상을 공격하면서 그 즐거움을 얻으니 어른이나 젊은이 할 것 없이 혐오에 빠지는 것입니다.

우리 집단내집단과 다른 집단외집단으로 나눠서 편견을 더 강화합니다. 외집단은 모두 똑같은 부정적 특성을 가지고 있다고 생각해서 "쟤네들은 다 저래."라고 정보를 단순화해서 처리합니다. 다른 정보가 들어와도 예외라면서 무시합니다. 자신의 믿음에 부합하는 정보만 모으는 확증 편향confirmation bias에 빠지고, 해당 정보가 없다면 그런 정보를 만들어 냅니다. 그 집단은 그런 일을 하는 집단이라고 생각하니 가짜 뉴스가 생깁니다. 가짜 뉴스를 보고 더 믿음이 강해집니다. 한쪽으로 치우친 잘못된 믿음, 즉 "편견prejudice"이 더 강해집니다.

집단으로 있다 보면 생각과 행동이 더 극단적으로 됩니다. 모두 비슷한 생각과 감정을 가진 사람이다 보니 자기 생각과 감정을 남에게 인정받으려고 언행을 과장합니다. 그러다 보면 처음에 혼자 있을 때는 생각도 못 했던 극단적인 언행도 서슴지 않습니다. 이게 바로 '집단 극단화group polarization' 현상입니다.

집단 상황에서는 개인적으로 혼자 있을 때와 전혀 다른 모습을 보입니다. 극단적인 언행을 하다가 경찰에 잡힌 사람은 자기는 "원래 이런 사람이 아니었다"며 선처를 호소합니다. 바로 여기에 문제 해결의 단서가 있습니다. 집단적 흐름에 휩쓸리지 않으려면 개인적인 가치관을 명확히 할 필요가 있습니다. 또한 혐오 대상이 바로 자기 자신이 될 수 있다는 공감 능력을 더 키워야 합니다. 이것보다 더 효과적인 해결책이 있습니다.

만약 내집단과 외집단을 나눠서 미워하는 게 문제가 된다면, 그 내집단을 더 큰 범주로 생각하면 어떨까요? 이것을 재범주화re-categorization라고 합니다. 취업해야 하는 남자나 여자가 아니라 대한민국 청년이라는 범주로 묶어서 생각하면 함께 힘을 합쳐 권리를 주장하고 싶은 마음이 생깁니다. 지역감정으로 다른 지역 사람을 혐오하던 사람도 월드컵에서 우리나라 대표 팀이 경기할 때는 한마음으로 응원합니다. 너는 다른 지역 사람이니까 기뻐하지도 말라고 하지 않습니다.

심리학 지식을 활용하니까 사람들이 사회적 상황에서 보이는 심리 상태와 말과 행동이 더 잘 이해되지 않으세요? 사회심리학에서는 이런 것을 다룬답니다. 이제 다른 재미있는 주제를 더 다뤄 보겠습니다.

내가 하면 로맨스, 남이 하면?

'내가 하면 로맨스, 남이 하면 불륜'이라는 말을 들어 본 적이 있나요? 마치 사자성어처럼 "내로남불"이라는 말로 쓰이기도 합니다. 이것과 연관된 심리학 개념이 바로 기본적 귀인 오류Fundamental attribution error입니다. 이 오류는 다른 사람의 잘못에 대해서는 그 사람의 기본적 성격이 행동의 원인인 것으로 과대평가하고 상황적 요인의 영향에 대해서는 과소평가해서 설명하는 편향입니다.

사람들은 다른 사람이 길을 가다가 돌에 걸려 넘어지면 그 사람이 기본적으로 부주의한 성향이 있어 벌어진 일이라고 생각합니다. 어두운 상황에서 자신도 그럴 수 있었다는 생각은 하지 못하죠. 하지만 자신이 길을 가다 넘어지면 길에 있는 돌, 즉 상황을 탓하지요? 이것은 자기 배려 편향self serving bias 때문입니다. 만약 다른 사람들이 다 걸려 넘어지는 돌이 있었는데도 자신은 무사히 건넜다면? 자신의 주의력이 남달랐다고 자랑합니다. 이것도 자기에게 어떻게든 유리한 방식으로 해석하려는 자기 배려 성향 때문입니다.

다른 학생이 조장으로 진행한 수행 과제의 결과가 나쁘면 그의 리더십과 성실성을 탓하지만, 자신이 조장일 때 수행 과제 결과가 나쁘면 애초 수행 과제의 적절성이나 조직원의 성실한 참여 등 상황을 탓합니다. 내가 하면 그럴 만한 아름다운 사랑의 이유가 있는 로맨스, 남이 하면 지저분한 욕망에 의한 불륜이 되는 것도 기본적 귀인 오류와 자기 배려 편향이 있어서죠.

기본적 귀인 오류와 자기 배려 편향에서 벗어날 방법은 해당 오류에 빠지는 이유를 생각하면 찾을 수 있어요. 다른 사람의 행동을 살필 때는 상황적 배경도 골고루 확인하는 것을 습관화하는 것이 좋겠지요? 체크 리스트를 만들어 자신이 빼놓은 정보를 꼼꼼히 확인하는 것도 좋은 방법이에요. 자기 말고도 성공에 공헌한 사람은 누구인지, 도움을 준 상황 요소는 무엇인지를 확인해 봐야 해요. 그리고 입장 바꿔 생각해 보기도 필요해요. 그러면 편향에 빠지지 않고 객관적인 판단을 할 수 있어요.

자신도 모르게 자기 자신을 속이는 편향은 기본적 귀인 오류와 자기 배려 편향만 있는 것이 아니에요. 낙관 편향Optimism bias도 주의해야 해요. 흔히 세상을 낙관적으로 보는 게 사는 데 도움이 된다고 하죠? 그런데 지나치면 안 돼요. 낙관 편향에 빠지면 자신이 기획한 일이 성공하는 게 당연한 것처럼 예상하다가 실패해서 낭패를 보게 돼요. 낙관 편향도 문제지만 염세 편향Pessimism Bias도 좋지 않아요. 염세 편향은 실제 발생 가능성이 낮은 재난이나 불행 등 부정적 사건이 발생할 확률을 과대평가하고 자신의 대처 능력을 과소평가해서 미리 스트레스를 받는 거예요.

그런데 염세 편향보다는 낙관 편향이 때로는 더 큰 피해를 줘요. 낙관 편향은 실제로 현실에서 진행되는 것보다 더 긍정적인 방향으로 사건이 진행될 것을 기대하게 만들어 늑장 대응의 원인이 되기도 해요. 낙관 편향이 문제가 되는 것은 삶을 긍정적으로 보는 시각이 나빠서가 아니라, 노력을 별로 하지 않고도 무조건 잘 될 것이라고, 비현실적으로 긍정적인 성과를 기대하기 때문이에요.

병원에 가면 "내가 이렇게 될 줄 몰랐다"는 환자를 쉽게 만날 수 있습니다. 그런 부정적인 사건이 생길 가능성을 과소평가했던 거예요. 사람들은 나중에 자신이 빚을 충분히 갚을 수 있을 것으로 생각해 대출을 받지만 나중에는 대출의 짐에 눌려 허덕이게 될 확률이 더 높잖아요? 계속 증가하는 가계 부채 액수와 증가 속도를 뉴스를 통해 확인하지만 "에이, 나는 안 그럴 거야."라며 일단 저지르죠. 낙관적인 희망을 품고.

시험을 보기 전에 자신의 성적을 낙관한 학생은 성적표를 받고 억울해하지 않나요? 자신의 능력을 비현실적으로 과대평가하고, 다른 사람의 실력을 과소평가했기 때문이에요. 자신의 능력을 정확히 판단하고, 상황을 객관적으로 판단해서 현실적인 준비를 해야 진정으로 낙관적인 성과를 얻을 수 있어요. 꿈을 열심히 꾸는 것만으로는 성과를 누릴 수 없고, 실행도 열심히 해야만 그 꿈이 현실이 된다는 것을 잊지 말아야겠죠?

남들은 나와 다르게 생각하는 건 아닐까?

청소년기에는 '분위기에 휩싸여' 또는 '다른 친구들의 암묵적 강압에 못 이겨' 음주를 하게 되었다는 사람이 많아요. 즉 자리에 모인 다른 친구들이 술 마시는 것을 당연히 여기고 찬성할 것이라 생각해서 자신이 음주에 반대하는 생각을 숨기고 공개적으로 함께 음주하지요. 그런데 사실은 다수의 다른 학생도 음주 반대 생각을 갖고 있었지만 그것을 공개적으로 밝히지 않은 것뿐이라면 어떨까요? 이게 바로 다원적 무지pluralistic ignorance, 쉬운 말로 '다수의 의견에 대한 무지 효과' 때문이에요.

다원적 무지는 미국 심리학자인 대니얼 카츠Daniel Katz와 플로이드 올포트Floyd H. Allport가 만든 용어예요. 이와 비슷하면서도 다른 '허구적 합치성 효과false concensus effect'과 구별해서 이해해야 해요. 허구적 합치성 효과는 자신이 다른 사람의 생각을 알고 있고 자기 생각과 다른 사람의 생각이 똑같다고 판단해서 나오는 현상이에요.

"야, 너도 나랑 똑같은 생각이잖아."라면서 자기 생각을 강요하거나 당연히 자기 생각과 같다면서 일을 저지르지요. 어른도 이런 허구적 합치성 효과에 휘둘려서, 아버지는 당연히 가족들이 산으로 가족 여행을 가고 싶어 할 거라며 맘대로 여행지를 잡아 가족들의 싸늘한 반응에 당황하기도 하지요.

허구적 합치성 효과는 자신과 다른 사람들이 애초에 심리적으로 공통점을 많이 나눠 갖고 있다고 생각하는 것에서 나와요. 그리고 만약 실제 현실에서 다수의 사람이 자기 생각과 다르게 움직인 것이 확인되면 다른 이유를 갖다 붙이지요.

예를 들어 대다수 사람이 자신과 같은 영화를 선택할 것으로 생각해서 극장에 갔다고 해 볼까요? 그런데 막상 극상 안으로 들어와 보니 관람객이 열댓 명밖에 앉아 있지 않았어요. 그런데도 자신의 의견이 잘못되었다고 생각하지 않아요. 영화 홍보가 많이 안 되거나, 다른 중요한 사건이 터져서 사람들의 관심이 돌려졌거나, 그날의 날씨가 안 좋아서 등 특별히 그런 것이라고 핑계를 대지요.

허구적 합치성 효과와 반대로 다원적 무지 효과는 자기 생각이 대다수 사람의 의견과 다르다고 믿어서 나와요. 자기 의견이 집단의 의견과 다르면 '모난 돌'로 찍히게 될 것을 두려워해서 억지로 맞추려 해요. 허구적 합치성 효과는 다수의 의견과 자신의 의견의 동일성을, 다원적 무지 효과는 차이점이 있을 것이라고 생각한다는 점에서 대조되지요? 하지만 두 경우 모두 저 너머에 있는 진실은 자기 생각과 다르다는 공통점이 있어요.

이렇게 이야기해도 어떤 청소년은 다른 청소년이 자기처럼 음주를 적극적으로 찬성한다고 생각할 수도 있어요. 그러면 허구적 합치성 효과에 빠진 거예요. 어떤 청소년은 자기는 음주가 싫지만 다른 사람들은 음주를 좋아한다고 생각할 수 있어요. 그러면 다원적 무지에 빠진 거예요.

미국 프린스턴대학 심리학과의 데버라 프렌티스Deborah A. Prentice 교수와 데일 밀러Dale Miller 교수는 대학생의 지나친 음주문화에 대해 설문을 했어요. 설문조사에 응답한 대학생들은 음주 파티에서 다치거나 심지어 과도한 음주로 죽을 수도 있는 가능성이 있기에 개인적으로는 음주 파티에 반대했어요. 그러나 다수가 이 문화를 찬성하므로 공개적으로는 음주 파티에 계속 참석한다고 밝혔어요. 하지만 설문조사 결과 응답자의 대부분이 음주 파티에 반대했답니다. 즉 음주에 찬성하는 다수는 애초에 없었어요. 사람들은 머릿속으로 다른 사람들이 그렇게 생각할 것이라고 추측한 것뿐이에요.

일상생활 말고 정치 사회적인 문제에 대해서도 다원적 무지가 일어날 수 있어요. 특정 지역에 사는 사람은 '다른 사람들이 다 저 정치가를 좋아하니 나도 좋아하는 척해야지'라면서 개인 의견과 다른 선택을 하기도 하죠. 결국 그 지역에서는 항상 같은 정치인이 선출되고, 개인 의견도 또 따르려고 하는 사회적 압력이 작용하게 돼요. 가짜 뉴스를 만드는 이유 중 하나도 마치 그 의견이 다수라고 생각하게 하려는 거예요.

대세를 따르는 게 아니라 낚인 거야!

다원적 무지 효과는 편승 효과와 만나면 더 강해져요. 편승 효과는 다수의 사람이 내린 결정에 개인이 자신의 판단을 맞추는 현상이에요. 쉽게 말하면 대세라고 생각하는 것을 따르는 거예요. 편승 효과bandwagon effect라는 용어는 '밴드왜건에 오르다jump on the bandwagon'라는 표현에 뿌리를 두고 있어요. 서커스나 퍼레이드 행렬을 보면 맨 앞에서 밴드들이 탄 마차_{악대차}가 있기 마련인데, 이 마차를 밴드왜건이라고 했어요. 선거운동에 악대가 있는 밴드왜건을 사용해 사람들의 관심을 크게 끌었던 것에서 유래했지요. 악대는 사실 엄청난 다수가 아니에요. 하지만 소수가 활발하게 움직이는 것을 보고 대세라고 판단해서 따르지요. 정치 분야에서 흔히 '세몰이'라고 하는 것이 바로 편승 효과를 가리키는 거예요.

편승 효과가 생기는 이유는 사회적 압력 때문이에요. 미국 스워스모어대학의 솔로몬 애시_{Solomon E. Asch} 교수가 한 실험이 가장 유명해요. 애시는 대학 게시판에 '시력검사'에 참여할 사람을 모집한다며 실험 참가자를 모집했어요. 실험 참가자를 약 일곱 명에서 아홉 명 정도 되는 집단으로 나눠 배치했어요. 그리고 두 개의 카드에 표시한 수직 직선의 길이를 맞추는 검사를 받게 했지요. 첫 번

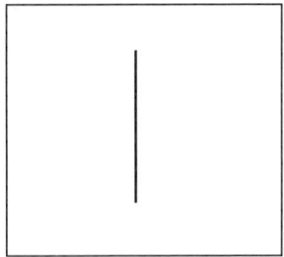 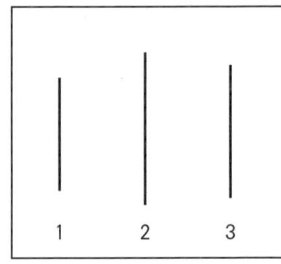

애시의 직선 실험 그림

째 카드에는 직선을 한 개 그려 놓았고, 두 번째 카드에는 아래 그림의 오른쪽같이 세 개의 직선을 그렸어요.

자, 여러분 왼쪽의 카드와 가장 비슷한 길이를 가진 것은 무엇일까요? 2죠? 그런데 실험 결과는 다르게 나왔어요. 사실은 실험 집단에 있는 최대 아홉 명 중 진짜 실험 참가자는 한 명뿐이었어요. 나머지 사람은 애시의 지시를 받은 대로 움직이는 협조자였어요. 심리학 실험은 진짜 반응을 보기 위해 이런 실험 설계도 자주 합니다. 사람을 데리고 노는 것이 목적이 아니니, 실험이 다 끝나면 실험의 의의와 진행 과정의 진실을 꼭 이야기해 줍니다.

아무튼 애시는 협조자들에게 총 열여덟 번의 검사 중 여섯 번은 정답을 말하고, 열두 번은 모두 완전히 틀린 답을 일관되게 말하도록 했어요. 틀린 답을 아주 당당하게 말하게 훈련까지 시켜서 통과된 사람만 협조자로 자리에 앉혔어요. 이것을 모르는 진짜 실험 참가자는 자기 앞의 모든 사람이 틀린 답을 선택하는 것을 보며 크게 당황했겠지요? 그래도 확실히 2가 답이니 그냥 생각한 대로 말하면 창피할 것도 없잖아요?

하지만 최종적으로 실험 참가자의 75%가 자신이 생각하는 확실한 답이 아닌 다른 사람들이 말한 오답을 따라 선택했어요. 오직 25%의 실험 참가자만이 외부에 영향받지 않고 자기 생각대로 결정했지요. 애시는 이 실험 결과를 사람들이 주위의 다수 의견을 일종의 사회적 압력으로 받아들여 자신의 의사결정에 반영하는 것으로 설명했답니다.

현실에서도 편승 효과는 쉽게 찾을 수 있어요. 많은 사람이 드나드는 맛집으로 선정된 곳을 찾아요. 생각보다 맛이 별로여도 다른 사람들에게는 맛집이라며 사진을 찍어 올리기도 하지요. 그래서 식당들은 돈을 주고서라도 맛집 목록에 들어가려고 노력해요. 목록에 들어가면 사람들이 맛집으로 인정해 줘요. 맛집이어서 맛집으로 인정받는 것이 아니라요. 물론 진짜 맛집도 있어요. 그리고 75%의 사람들이 아니라 25%의 사람들은 자신의 솔직한 의견을 이야기하니까 가짜 맛집이 걸러질 수도 있어요. 하지만 75% 사람들은 인정하는 사례가 많을수록 가짜 맛집도 맛집이라고 인정해요.

편승 효과는 인터넷에서도 작용해요. 인터넷 포털 사이트의 검색어 순위가 높으면 딱히 자기에게 필요한 것도 아닌데 자신도 모르게 클릭해서 정보를 보게 되지요. 내 기호에 맞던 사람이 아니더라도 SNS에서 한참 대세로 떠올라 핫한 사람과는 어떻게든 연결되려 노력해요. 그 사람의 인기가 시들해지면 똑같은 사람이어도 그 가치가 떨어져 보이고요. 인터넷 쇼핑몰에서는 구매 지수가 높은 상품을 선호하지요. 그래서 일부 사람은 더 많이 팔려고 자기가 사재기해서 지수를 높인 다음에 다른 사람들을 유혹하기도 해요. 구글이 다수의 사람이 선택한 것을 검색 결과에 먼저 나오게 하는 알고리듬으로 큰 성공을 거둔 것도 편승 효과의 힘이 작용한 거예요.

다원적 무지 효과와 편승 효과가 함께하면 개인적 의견은 무시되기 쉬워요. 창의성, 개성이 완전히 무시되고 무서운 전체주의 사회가 되지요. 그래서 소수 의견도 존중하는 문화, 소수자를 보호하고, 다른 사람의 의견을 찬찬히 살피고 들어 주는 문화를 지키기 위해서 노력하는 거예요. 여러분도 그런 노력을 해 주실 거죠?

9.

무엇을 상상하든 심리학은 그 이상

기타

경험을 디자인하는 심리학자

비행기를 만드는 데는 각종 첨단 기술이 들어가지요? 그래서 공학자가 조종간을 설계한다고 생각하기 쉬워요. 물론 각종 센서와 기계는 공학자가 개발합니다. 하지만 비행기 조종사가 편하게 그 복잡한 기계를 잘 다룰 수 있도록 배치하는 것은 피츠버그대 심리학과의 앨런 레스골드Alan M. Lesgold 교수와 같은 심리학자가 맡는답니다.

기능을 편리하게 배치하는 일은 디자인 영역이니 디자이너가 할 것이라 생각할 수도 있어요. 하지만 인간의 제한된 주의 용량, 기억 용량 등 인지 능력을 고려해서 실수하지 않고 정확히 조종하도록 디자인할 수 있는 사람은 심리학자예요. 전투기는 위험한 상황이 되면 조종사가 비상 탈출을 해야 하는데 평소에는 비상 탈출 버튼을 쓸 일이 없으니 잘 기억하지 못해서 매뉴얼을 보며 위치를 찾느라 긴박한 순간에 시간을 허비하면 안 되겠지요? 너무 찾기 쉬운 곳에 있어서 실수로 눌러도 안 되고요. 그래서 전체 기능을 놓고 각각의 상황에 편하게 사용할 수 있도록 가장 적절하게 배치하는 것입니다.

한국에서는 오래전 컴퓨터의 한글 자판을 만들 때 성균관대 심리학과 이창우 교수와 여러 심리학자가 함께 설계했어요. 일부러 자판의 글자 위치를 외우는 수고로움은 있어도 자음과 모음의 위치를 좌우로 분리하고 자음과 모음의 순서도 초등학교 때 배우는 순서대로 하지 않고 오류율이 가장 적게 배치했어요.

이렇게 공학과 심리학이 결합된 부분을 응용심리학이라고 하고, 더 구체적으로는 인지공학이라고 해요. 요즘은 컴퓨터 화면으로 나오는 메뉴 구조와 인터페이스를 설계한다고 해서 사용자 인터페이스UI, User Interface라는 개념을 썼다가 사용자의 경험User exprerience을 디자인한다고 해서 UX라고 해요. 애플은 일찍이 UX에 신경 써서 해당 부서를 만들고 다른 제품과 차별화된 기기와 서비스를 만들었어요. 삼성전자도 UX 부서를 만들었고, 다른 대기업에도 UX 부서가 있을 정도로 이제는 일반화되었답니다.

융합 시대에 맞게 이제는 심리학자만 UX를 고민하는 게 아니라, 공학자와 디자이너도 협업해서 더 좋은 제품과 서비스를 만들

고 있어요. TED에도 소개된 MIT 미디어랩 연구팀의 식스 센스six
sense 시스템처럼요.

식스 센스 시스템에서는 손가락 센서가 일종의 마우스 역할을
해요. 카메라는 컴퓨터의 눈이 되어 환경 정보를 입력하지요. 그
리고 입는 컴퓨터에서 적당히 추론하여 사용자가 필요로 하는 적
절한 정보를 머리 위의 프로젝터를 통해 맥락에 맞게 일정한 대상
위에 영상으로 뿌려 줘요. 이제는 입는 컴퓨터도 필요 없어요. 인
터넷과 연결된 작은 단말기만 있으면 메인 시스템에 있는 인공지
능을 활용해서 언제 어디서든 필요한 정보를 해당 사물에 바로 투
사할 수 있어요.

공항으로 가는 길에 자신의 티켓 위에 현재 해당 비행기 대기
시간 영상을 투사해서 볼 수 있어요. 티켓 없이 자기 팔에 티켓 영
상을 뿌려서 관련 정보를 알아볼 수도 있고요. 사용자가 심리적으
로 더 편한 서비스를 연구하다 보니 관련 시스템은 계속 발전하고
있답니다.

뇌파 연구로 치매 치료까지

뇌를 연구해서 마음의 처리 과정을 보는 것은 좋은데, 그 연구

로 과연 무엇을 할까 싶기도 할 거예요. 미국의 IBVA사는 '대화형 뇌파시각분석기IBVA'를 만들었어요. 이 기기는 사용자가 머리띠처럼 생긴 장치를 착용하고 수집한 뇌파를 여러 형태로 전환하여 출력해요.

예를 들어 사용자가 화를 내면 뇌파가 바뀌는데 이런 특성한 패턴에 상응해서 음표도 바뀌지요. 사용자의 감정 상태를 다양한 음악으로 바꿔 내보내요. 노래방 반주 기계도 아니고 왜 이런 것을 만들었냐고요? 감정 표현이 서툰 사람은 겉으로 표현하지 못하잖아요. 하지만 이 기계를 쓰면 상대방에게 자연스럽게 자신의 감정을 알려 줘서 대화와 소통을 더 잘하게 해 줘요.

여러분 거짓말탐지기라는 말을 들어 본 적 있죠? 하지만 세상에 거짓말탐지기라는 것은 없답니다. 드라마나 영화 등에 나오는 사람의 팔과 가슴 등에 전극이나 띠를 두르고, 그래프를 보면서 답변을 할 때마다 변화를 확인하는 기계는 거짓말탐지기가 아니라 생체반응기록계polygraph일 뿐입니다. 즉 심장 박동수, 호흡, 피부 습도 등 생리적 흥분의 정도를 측정하는 기계지요. 이 기계가 거짓말탐지기로 널리 알려진 것은 거짓말쟁이라고 해도 거짓말할 때 생기는 심리적 긴장을 완벽하게 통제할 수 없을 것이라는 생각 때문이었어요.

문제는 거짓말쟁이가 따로 보이는 생리적 반응 같은 것은 없다는 거예요. 거짓말쟁이가 거짓말을 한다고 해서 특별히 더 긴장하지 않는다는 거죠. 범죄를 여러 번 저지른 사람이나 첩보 요원처럼 특수한 훈련을 받은 사람들은 거짓말탐지기를 이용해도 어떤 변화도 확인할 수 없답니다. 그래서 거짓말탐지기는 법정 증거로 쓸 수 없어요. 참고자료일 뿐이지요. 왜냐하면 거짓말쟁이가 거짓말탐지기의 결과를 들이대며 자신의 범죄를 부인하면 안 되니까요.

거짓말탐지기 관련 전문가인 리어나도 색스Leonardo Sax 교수의 연구에 따르면 거짓말 탐지기가 75%의 거짓말을 하는 사람들을 구별해 냈다고 합니다. 대단한 정확도 같지만, 네 명 중 한 명의 거짓말쟁이는 골라내지 못한 거예요. 무엇보다 실제로 거짓말하지 않은 사람을 거짓말한다고 판별한 경우도 37%에 이릅니다. 억울한 죄인을 만들기 딱 좋지요?

그래서 최근에는 직접 뇌의 움직임을 읽어 내는 판별법인 뇌지문 감식Brain fingerprinting 기법을 논의하고 있습니다. 뇌지문 감식은 피검사자의 머리 위에 10여 개의 미세 전극이 내장된 장치를 씌우고 범죄 장면 사진이나 단어 등을 컴퓨터 화면으로 보여 주면서 뇌에 저장된 특정 뇌파의 반응을 검사하는 방법이지요.

사람은 자신이 익숙한 자극을 보면 P300이라고 하는 특정한 뇌파를 발생시킵니다. 만약 범죄 현장 사진을 보여 주었는데, 이 뇌파가 나온다면 그 사람이 범인인 거예요. 그 사람이 겉으로 모른다고 아무리 이야기해도 진실을 밝힐 수 있게 되는 것입니다. 이 기술은 실제로 법정에서도 활용된 방법입니다.

미국 하버드대학의 로렌스 파웰Laurence Farwell 박사는 이 기술로 연쇄 살인범으로 몰려 종신형에 처한 채 22년간 복역 중이던 테리 해링턴의 결백을 증명하고, 제임스 그린더의 유죄를 확증했습니다. 하지만 이 기술 역시 논란이 있어요. 뇌에 대한 연구가 아직 완벽하지 않은데, 개인적 뇌파 패턴 이상 등으로 P300 뇌파가 나오지 않는다면 실제 살인을 했어도 무죄가 될 수 있는 위험이 있거든요.

뇌파 패턴이 아니더라도 사람은 원래 기억력이 완전하지 않아요. 즉 자신이 범죄를 일으키고도 기억을 못 하면 어떨까요?

설경구 주연의 영화 〈살인자의 기억법〉과 강하늘 주연의 〈기억의 밤〉을 보면 노화나 심리적 충격 등의 이유로 기억이 오락가락하면서 자신의 범죄를 기억하지 못하는 사람이 주인공으로 나옵니다. 만약 현실이라면 P300 뇌파가 나오지 않는다고 무죄가 되겠지요? 그래서 이 방법은 아직 보완 중이고, 진정한 거짓말탐지기는 아직 완성되지 않은 셈입니다. 그 기계가 완성된다고 하더라도 문제는 여전히 있습니다.

기억을 없애는 약, 즉 망각약이 이미 세상에 나와서 범죄자가 악용할 수 있거든요. 호프만 라로쉬 사에서 만든 버스드Versed가 대표적인 망각약입니다. 혈압약의 일종인 프로프라놀롤Propranolol도 고통스러운 기억에 대한 망각에 효과가 있다는 연구 결과도 있습니다. 기억력을 높이려고 퍼즐을 풀고, 좋은 약을 먹고, 공부도 하는 데 왜 망각약이 있냐고요?

세상에는 잊고 싶은 사건과 사고가 자주 일어납니다. 테러나 참사, 강간이나 강도 같은 큰 사건과 사고를 겪거나 이별을 경험한 사람이라면 장시간의 심리치료보다 일단 급하게 약에 의지해서라도 잊고 싶어 합니다. 그런 큰 사건을 겪은 사람만이 아니라, 스트레스로 가득 찬 일상을 사는 사람도 망각약을 원하기에 이 분야 연구는 계속되고 있습니다.

내친김에 다른 약 하나 더 소개해 드릴까요? 망각약과 정반대로 기억을 지켜 주는 약입니다. 치매는 서술적 기억, 절차적 기억, 일화적 기억이 망가지는 병이라고 했지요? 만약에 기억을 유지해 준다면 그게 치매약이 되겠지요? 전 세계에 치매 때문에 고생하는 환자와 가족이 앞다퉈서 살 것입니다. 그래서 많은 제약회사가 기억약 개발에 몰두하고 있습니다. 대표적인 약괄호는 제약회사으로 SGS742Saegis Pharmaceuticals, CX516Cortex Pharmaceuticals, Mem 1414Memory Pharmaceuticals, AriceptPfizer, memantineMerz/Forest

Labs 등이 있습니다. 2003년 11월 FDA는 이미 치매 관련 약으로 memantine을 승인했을 정도로 이 분야는 빠르게 움직이고 있습니다.

치매 환자를 위한 게 전부냐고요? 제약회사는 더 많은 돈을 벌기 위해 치매 환자보다 더 많은 수의 정상인을 대상으로 한 약 개발도 하고 있습니다. 주로 뉴런 간의 연결을 강화하거나, 신경전달 물질과 그에 반응하는 단백질 패턴을 연구해서 기억력을 증강하게 하는 방향으로 가고 있습니다. 그러나 FDA에서는 현재 오로지 환자를 대상으로 한 약만을 승인해주기 때문에 시중에 나온 건강한 사람을 위한 약은 없어요. 혹시나 기억력을 높여 주는 약이라고 뻔뻔하게 광고하는 약이 있다면 믿지 마세요.

만약 선전한 약을 먹고 효과가 있었다면? 그것은 플라세보 placebo 효과입니다. 사실은 약 성분이 없는데도, 약효가 있다고 믿으니 약효가 있는 것. 플라세보의 반대는 노세보 nocebo 효과입니다. 약 성분이 있는데도, 약효가 없다고 믿으면 약효가 나지 않는 경우가 노세보 효과지요. 결국 약 성분 자체가 아니라 마음속 믿음이 약인 셈입니다. 믿음이 없으면 약도 소용없게 되니까요. 이 주제를 전문적으로 연구하는 분야가 심신의학 mind body medicine 이고, 많은 심리학 개념이 통증 치료와 암 치료에 활용되고 있습니다.

치매 치료를 하는 데에도 뇌 연구 결과가 쓰입니다. '심부 자극술'이라는 방법으로 뇌에 심어 놓은 신경 조정 장치로 전기 자극을 줘서 도파민을 활성화해 파킨슨병에 걸린 환자의 떨림을 억제하기도 합니다.

심각한 우울증에도 심부 자극술이 쓰입니다. 감정을 관리하는 아몬드 모양의 편도체에 전체 뇌가 휘둘리지 않도록, 이성적인 처리를 하는 전두엽에 심부 자극술로 자극을 줘서 통제하는 것입니다. 즉 우울한 마음이 들 때마다 자신의 손으로 버튼을 눌러 전두엽을 자극하는 것으로 치료하는 거죠. 정신분석 상담을 하거나 알약을 먹지 않고도 우울증을 치료할 가능성이 열린 것입니다.

미국 워싱턴대학의 라제쉬 라오Rajesh Rao 박사의 연구팀이 개발한 로봇 모피우스Morpheus는 뇌와 로봇을 연결해 줍니다. 모피우스는 리모컨이나 자체 구동 프로그램이 아니라, 인간 뇌의 명령을 받아 움직입니다. 현재는 EEG로 뇌파 신호를 받지만, 장래에는 뇌에 이식한 무선 칩으로 로봇과 통신하게 될 예정입니다. 덕분에 인간은 자신의 몸이 없거나 망가져도 로봇을 통해서 작업을 수행하게 될 수도 있겠지요?

정치 프레임에 심리학이 갇힐 때

앞에 약간 언급한 것처럼 정치에도 심리학이 응용됩니다. 소소하게는 편승 효과나 외모와 집안 배경을 강조하는 후광 효과를 이용해 정치가를 매력적으로 보이게 하는 전략도 씁니다. 하지만 너무 무시무시한 응용 사례가 있습니다.

여러분은 혹시 "프레임"이라는 말 들어 봤나요? 사람이 가진 '생각하는 틀'이 프레임입니다. 그 프레임을 인지심리학과 연관 지어 연구한 조지 레이코프George Lakoff 박사에 따르면 사람들은 자신이 생각하는 틀로 판단하고, 세세한 사항은 제대로 보려 하지 않습니다. 각 정부 출범 시에 나오는 정책 기조, 선거 때마다 내걸리는 슬로건 등이 대표적인 프레임이에요.

'기업을 중심으로 경제를 살린다'는 슬로건은 국민에게 직접 지원금을 주면서 민생복지를 하지는 않고, 정치가 자신을 후원한 기업에 돈을 몰아주겠다는 것을 가리기 위한 정치적 전략에서 나온 프레임일 수 있어요. "공짜 지원금" 혹은 "무분별한 세금 퍼 주기"라는 말은 국민이 자신이 낸 세금을 정당하게 다시 받아간다는 생각보다는, 세금이 함부로 쓰인다고 생각하도록 만들기 위해 나온 프레임일 수도 있어요. '세금 폭탄'은 '복지 재정'이라는 말이 쓰이지 않도록 하는 프레임이고, '4대강 정비 사업'은 '한반도 생태계

파괴' 혹은 정치가 개인의 이익을 가리기 위한 프레임일 수 있습니다. 일단, 프레임을 내놓으면 반대자조차 그 용어를 쓰고, 논의의 범위가 그 프레임 안으로 제한됩니다.

예를 들어 일본이 한국을 강제로 병합한 조약을 '을사보호조약'이라고 하면 일본의 프레임에 동조하게 됩니다. 보호라는 말 때문에 그래도 좋은 면이 있다는 생각의 틀이 머릿속에서 작동하게 됩니다. 사실 여부는 상관없습니다. 레이코프는 "프레임이 사실을 밀어낸다"고 주장합니다.

보수주의자들은 충분한 능력을 지닌 사람은 자유시장에서 모두 자수성가할 수 있다고 주장합니다. 그리고 성공하지 못한 사람은 성품과 능력이 부족한 것으로 간주하지요. 그러니 노력하지 않는 사람은 배려나 포용을 받을 자격이 없다는 주장이 당연해 보입니다. 언론은 자수성가한 사람들의 사례를 열심히 선전해서 많은 사람이 성공하는 것처럼 그려냅니다.

그러나 전체 사회에서 그런 사례가 차지하는 비중은 그렇게 크지 않습니다. 또한 최상위층에서 경제적 부를 누리는 대부분의 사람이 자수성가한 사람도 아닙니다. 좋은 품성과 능력을 갖췄어도 운이 없거나 경쟁에 밀리거나 정책과 맞지 않으면 꼭 성공할 수 있는 것도 아닙니다. 하지만 능력이 있으면 모두 성공할 수 있다는 프레임을 만들어 밀어붙이면 사람들은 이런 불편한 진실들을 무시하게 됩니다.

보수주의자 중에는 "친일, 친미, 친 외세, 불평등"한 세상 속에서 이익을 계속 얻기 위한 자신의 욕심을 멋진 프레임으로 가장하려고 보수주의자라는 말을 쓰기도 합니다. 그래서 같은 정치 세력 안에서 "진짜 보수" 논쟁이 끊이지 않습니다.

진보주의자들은 변화하면 모두 행복할 수 있다고, 긍정적인 미래가 곧 펼쳐질 것으로 말합니다. 하지만 그들이 만든 미래 중에는 부정적이었던 것도 있고, 진보주의자끼리 싸우느라 오히려 역사의 수레바퀴를 퇴보시킨 적도 있었습니다. 하지만 그 사실을 '진보'라는 말이 가려 줍니다. 계속 앞으로 나아가고 변화하는 느낌을 줍니다. 무엇보다 변화를 주장하는 사람 중에 변절한 사람은 그 자신이 보수화되어 있다는 사실을 "진보주의자"라는 말로 가릴 수 있습니다.

정치가가 프레임을 조작하려는 것을 알아챌 방법이 있습니다. 일단 문제가 되는 사안에 대한 논의가 많아집니다. 그 사안이 내포한 의미가 대단해서가 아닙니다. 사람들의 생각 틀을 그 특정 사안을 넘지 않게 몰아넣기 위해서입니다. 자신의 프레임에 반대 의견을 제시하는 사람을 어떻게든 흠집 내려 합니다. 문제가 된 사안과 관련이 없는 상대방의 과거나 사건, 가십, 비밀들을 부각합니다.

때로는 전문가를 고용해서 자신에게 유리한 주장을 펼치도록 합니다. 평화의 댐 건설을 지지했던 학자, 4대강 사업을 지지했던 학자, 역사 국정교과서를 지지했던 학자들처럼 말입니다. 사람들은 권위가 있다고 생각하는 사람의 주장을 참이라고 믿고 따르려는 성향이 있습니다. 심리학에서는 이런 현상을 "권위에의 호소 오류 Appeal to Authority"라고 합니다. 의사가 아침 방송에 나와 정치 사회 문제에 대해서 논평해도 옳을 수 있다고 믿기도 합니다.

때로는 권위가 있어 유명한 것이 아니라, 유명하다는 것 자체가 권위를 만들어 주기도 합니다. 방송에 나온 사람이 정치 역량이 있는 것으로 포장되어 공천을 받아 국회의원이 되는 것처럼. 그래서 정치가 혹은 정치 후보자는 막말을 거듭하고 노이즈 마케팅을 해서라도 일단 관심을 끌려고 합니다.

심리학이 공공 서비스와 만났을 때

물론 정치에 심리학이 응용된 좋은 사례도 있습니다. 정책이나 공공 서비스에 심리학이 긍정적으로 응용되는 경우가 많습니다.

장기 기증을 하면 여러 생명을 구할 수 있다는 것을 압니다. 하지만 장기 기증을 하고 싶어도 절차가 복잡하고 어디서 해야 하는지 모릅니다. 미국에서는 운전면허증을 발급할 때 주는 서류에 사고가 나면 장기 기증을 하겠다는 내용을 기본으로 넣습니다.

미국도 심리학자이자 행동경제학자인 캐스 선스타인Cass R. Sunstein 박사가 오바마 행정부 요직을 맡아 절차를 수정하기 전에는 장기 기증을 하겠다는 사람이 해당 조항이 적힌 추가 서류를 찾아 일부러 사인해야 했습니다. 그런데 수정된 서류 양식에는 장기 기증이 기본이고, 장기 기증 의사가 없는 경우에 추가 서류를 작성하도록 했습니다. 수정된 양식 덕분에 장기 기증자 수를 늘리고 공무원의 일 처리도 빨라지는 효과가 생겼습니다.

공공 서비스인 정책도 사소한 일상을 개선했을 때 국민들이 정부가 국민을 꼼꼼하게 신경 쓰고 있다는 느낌을 더 강하게 받을 수 있습니다. 커다란 사건보다 사소한 사건으로 더 스트레스를 받는다고 했던 것 기억하시지요? 정책적으로 공공 서비스를 바꿔서 개선할 수 있는 일상의 문제로는 무엇이 있을까요? 사람의 기본적 욕구 중의 하나인 먹는 것을 해결하기 위해 무료 급식을 할 수도 있습니다. 하지만 그것은 특수 계층을 위한 것이잖아요? 기본적인 욕구이면서 좀 더 많은 사람을 위한 서비스로는 무엇이 있을까요? 이런 질문에 대한 답으로 안전 문제를 생각하게 되었어요.

안전 문제가 있는 곳은 걸어 다니기도 무섭지요? 조심하라는 현수막도 별로 도움이 되지 않습니다. 특히 어두운 밤이 되면 더 위험해집니다. 현실적으로 경찰을 계속 배치할 수도 없겠지요? 사람들은 노란색을 경고 사인으로 인식해서 민감한데, 밤에도 주의 집중을 촉진할 수 있다는 심리학 지식을 바탕으로, 위험 지역의 보도뿐만 아니라 벽까지 모두 노란색으로 칠해서 주의를 끌게 했습니다. 모든 곳을 다 칠하지 않은 이유는 그러면 주의가 오히려 분산되기 때문입니다. 이런 간단한 공공 서비스로 해당 지역을 다니는 사람은 범죄와 사고로부터 더 안전해진 효과가 생겼습니다.

지금은 일반화된 공공장소의 남자 화장실 소변기의 파리 그림도 원래 북유럽에서 심리학적 지식을 활용해서 만든 것입니다. 남자는 진화적으로 사냥꾼에 가까운 성향이 남아 있어 뭔가를 조준하는 욕구가 있는 것을 이용한 것이지요. 사람들이 소변기 안에 파리 그림을 맞히려고 해서 오줌이 튀는 양이 80%가량 줄어들었습니다. 강압적인 경고 문구를 써서 안 그래도 잘하고 있는 사람에게 불쾌감을 주지도 않고, 좀 부드럽게 표현한다고 만든 "한 걸음 더 다가와 주세요."라는 문구보다 더 효과적이지요?

우리나라 국민연금공단에서 연금 납부를 독촉할 때 활용하는 방법이 있습니다. 원래는 미국 미네소타주에서 실시한 것을 응용한 것이지만요. 미네소타 정부에서는 세금 납부를 유도하기 위해

'이미 주민의 90% 이상이 납세 의무를 이행했습니다.'라는 안내문을 보냈습니다. '납세는 의무이니 꼭 내세요.'라는 안내문보다 훨씬 효과가 있었습니다. 왜냐고요? 국가에 대한 충성심보다는 주민 즉 납세자 집단 속에 묶이고 싶은 심리, 즉 동료집단에 대한 충성심을 자극했기 때문입니다. 연금이 왜 좋은가를 전문가가 나와서 설명하지 않고, 일반 시민을 모델로 설명하고 가입자 수를 공개하는 것도 동료집단에 대한 충성심으로 사회적 압력을 느껴 연금을 납부하도록 하기 위함이랍니다.

정부는 정책을 반복적으로 홍보합니다. 예를 들어 불황이 계속되는 상황에서 정부 대변인이 정부 정책을 옹호하고자 "경기부양책이 효과를 낼 것이므로 앞으로 경제 전망은 밝다"고 발표합니다. 구체적 수치와 근거를 댄 것도 아니에요. 이런 발표는 수시로 있었기 때문에 설득력이 약할 것 같아요.

하지만 시간이 지나면서 메시지경제 전망와 출처대변인의 연합은 약해지고 메시지만 남지요. 그래서 경제 전망이 밝다는 이야기를 믿고 국민들은 더 힘을 냅니다. 시간이 지날수록 메시지의 효과가 높아지는 수면자 효과Sleeper Effect 때문이에요. 정부가 나쁜 의도로 이런 일을 하면 안 되지만, 국민 불안 해소 혹은 앞으로 국가가 나아가야 할 방향을 국민들이 믿고 함께 나아가게 하는 데 쓰이면 좋습니다.

사회적 갈등을 줄이는 심리학

한국에는 갈등이 많죠? 지역 갈등, 경제 수준에 의한 갈등, 교육 문제에 의한 갈등, 환경 문제에 의한 갈등, 성별에 의한 갈등 등. 한국뿐만 아니라 전 세계에 갈등이 없는 나라가 없어요. 개인마다 집단마다 추구하는 가치와 이익이 다르기 때문이죠. 갈등이 없기를 바라는 것보다 줄이는 것을 현실적인 목표로 삼아야 해요.

갈등은 그냥 놔두면 더 심각해져요. 왜냐하면 자신의 의견과 반대되는 세력과 접촉할수록 더 강한 입장을 갖게 되는 백파이어 효과backfire effect 때문이에요. 백파이어backfire는 불길이 밖으로 나가는 것이 아니라 거꾸로 발원지로 흐르는 현상이에요. 한마디로 정리하자면 '역효과'지요.

사람들은 상대방 주장을 들으면 설득당하기보다는 오히려 자신이 지지하는 신념을 더 굳게 지키는 경우가 많아요. 객관적이고 타당한 정보를 접하면 나아질까요? 그만큼 더 맹목적으로 자신의 신념을 강화하는 방향으로 움직여요.

어떤 여성이 자기 애인에 대해 다른 친구들에게 평가해달라고 했다고 해 볼까요? 친구들이 그 애인이 얼마나 한심한지 조목조목 사실대로 이야기한다면 어떨까요? 말을 들을 때는 '아, 그렇구나' 고개를 끄덕여도 그 여성은 더 강하게 그 남자에게 매달릴 확률이 높아요. 드라마를 봐도 부모가 반대하면 할수록 그 사람과 죽자 살자 더 열렬히 연애하는 경우가 많잖아요?

그래서 사회적 갈등을 줄인다며 상대방을 반대하는 근거를 조목조목 제시하는 것은 별로 도움이 되지 않아요. 자료가 편향되어 있다고 믿으면 그만이거든요. 그러니까 양쪽이 모두 인정하는 중립적 인물이 그 이야기를 하도록 하는 게 좋아요. 그리고 양쪽이 모두 포함되는 문제 해결을 위한 중립적 위원회를 구성하면서 인간적으로 더 소통할 시간을 가져야 해요.

시간은 신념 편향Belief bias을 허물기 위해 꼭 필요해요. 신념 편향은 논리적으로 결론에 이르는 과정이 논리적으로 타당하냐 아니냐의 여부를 살피는 것이 아니라, 그 결론이 자신의 신념에 일치하면 옳다고 판단하고 그렇지 않으면 틀리다고 판단하는 편향이에요. 입장이 다른 사람을 논리적으로 설득하기 어려운 이유도 바로 신념 편향 때문이에요. 중간 과정이 아무리 타당해도 결론적으로 그 사람의 신념과 반대면 바로 거짓이라고 생각하기 때문이지요.

신념 편향 때문에 다른 종교의 신도를 선교하는 것이 어려워요. 해당 종교를 믿는 사람에게는 완전히 타당한 논리지만, 다른 종교 신도에게는 그 논리가 머릿속에 들어오지 않지요. 그 사람에게는 결론만이 중요하니까요.

하지만 가끔 선교에 성공하는 경우가 있죠? 현명한 선교사들은 결코 서두르거나 목소리를 높이지 않아요. 서로 다른 신념을 확인하기보다는 다른 활동을 함께하고 다른 이야기를 나누는 식으로 문제가 되는 신념 이외의 지식, 경험을 공유하는 일부터 시작해요.

영어를 함께 공부하고, 운동을 함께하고, 자원봉사를 함께하고, 음식을 나눠 먹는 식으로요. 점점 '상대방과 나'가 아닌 '우리'라는 생각이 들 때 야금야금 논리를 전개해요. 자신의 입장에서 논리를 전개하는 것이 아니라, 상대방의 신념에서 결론이 적용되지 않는 것을 조금씩 보여 줘요. 그러면 그가 신념을 조금씩 바꿔, 마음의 벽이 허물어지지요. 사회적 갈등에도 이런 방법을 쓰기 위해 중립적 위원회를 구성해요.

시간을 갖는 것은 다른 면에서도 도움이 돼요. 심리학에는 단순 노출 효과Mere Exposure Effect라고 부르는 것이 있어요. 친숙도 원리familiarity principle라고도 하지요. 단순한 노출 경험이 반복되어 친숙도가 쌓이면 해당 대상에 더 큰 호감을 갖게 됩니다. 처음에는 낯설어 좋은 평가를 선뜻 내리기 힘들었던 노래도 계속 들여다보면 나중에 중독되어 즐기는 경우가 있지 않나요? 처음에 못나 보였던 사람도 계속 텔레비전에 나오면 정감 있게 느껴지지 않나요? 이게 단순 노출 효과 때문이에요.

사람들은 처음에 맘에 들지 않았던 동네로 이사 가더라도 정을 붙이고 살아요. 중학교 생활을 지겹게 해서 고개를 절레절레 흔들던 고등학생도 자기 중학교를 떠올리며 더 편한 감정을 느끼기도 해요. 단순 노출 횟수가 증가할수록 호감도도 증가하기 때문에 광고업계는 사람의 시선이 가는 곳이면 건물, 지하철, 팸플릿, 텔레비전 등을 가리지 않고 상품을 노출하려 최선을 다하는 거예요.

물론 자신과 반대되는 신념을 가진 사람에 대해서는 심리적 벽이 있어 단순 노출 효과가 줄어들 수 있어요. 하지만 중립위원회에는 중립적 인물이 있으니 그 사람에 대한 호감도는 증가하죠. 그리고 그 호감이 있는 인물이 하는 말에는 설득될 확률이 높아요. 그래서 사회적 갈등에 제삼자가 개입하는 경우가 많답니다.

사람은 분배가 공정한가에만 관심을 갖지 않아요. 절차가 공정한가에도 관심을 갖지요. 특히 민주주의 교육을 받은 사람은 이것을 더 신경 써요. 그래서 정부가 일방적으로 어떤 정책을 밀어붙이면 절차를 문제 삼는 사람이 많은 거예요. 중립위원회를 구성하면 절차 문제를 해결할 수 있어 많이 쓰인답니다. 노사정위원회나 방사능 폐기물 처리장 선정위원회, 원전 재가동 협의위원회처럼 말입니다.

중립위원회를 구성하더라도 꼭 조심해야 할 것이 있어요. 바로 집단사고Groupthink입니다. 이것은 집단의 조직원들이 갈등을 최소화하고 만장일치로 결정하기 위해 비판적인 생각을 하지 않는 편향이에요. 중립위원회에는 저마다 성격이 다른 이익집단의 대표자가 참여해요. 중립위원회에서는 설득이 되었는데 자기 집단에 가서 설득하지 못하면 소용이 없겠지요? 혹은 그 대표자가 집단에 가서 집단의 맥락에 생각을 맞춰도 소용이 없겠지요?

집단사고에 휩싸인 조직은 혹시라도 자신의 결정에 반대할 소지가 있는 외부의 영향력을 차단하려 노력해요. 외부 조직에서 누군가 방문하는 것을 가급적 피하며 혹시라도 함께하게 되면 철저히 경계하는 등 폐쇄적으로 자신들만의 네트워킹을 유지하지요. 평소에 외부 정보를 철저히 검열하여 자신들의 의견에 유리한 방향으로 왜곡시켜 받아들여요.

집단사고는 조직의 결정을 중시하지만 막상 그 결정의 질과 결과는 좋지 않은 경우가 대부분이에요. 왜냐하면 다양한 의견을 수렴하기보다는 특정한 안건이 나오면 만장일치의 압력으로 경솔하게 판단하기 때문이지요. 일단 결정하면 그것을 지키기 위해 주변 사람의 말을 무시하고 반대 의견을 공격하는 데 에너지를 쏟느라 긍정적인 성과를 만들어 내는 데 들어갈 자원을 낭비해요.

심심치 않게 뉴스에 오르내리는 사이비 종교집단이 집단사고의 대표적인 사례예요. 사이비 종교집단은 외부인의 시각에서 보면 황당한 논리로 자신들의 교리를 전파하거나 전도해요. 하지만 집단

내의 사람들은 그것을 철석같이 믿고 하나의 생각만 옳다고 생각하면서, 외부에 있는 사람들을 오히려 바보스럽다거나 안쓰럽게 바라보지요. 이런 사이비 종교집단처럼 자신의 집단을 만들면 사회적 갈등을 조장하는 세력이 돼요. 그러니 건강한 집단으로 정당한 요구를 하려면 집단사고에서 벗어나려고 노력해야 해요.

미국 심리학자인 어빙 재니스Irving Janis는 집단사고를 예방할 수 있는 일곱 가지 방법을 제시했어요.

첫째 구성원이 자유롭게 비판할 수 있는 분위기 만들기. 둘째 집단의 지도자는 조직에서 일을 처리할 때 자신의 의견을 먼저 표현하지 않기. 셋째 집단을 각각 독립된 여러 조직으로 나누어 업무를 처리하도록 하기. 넷째 모든 유효한 반론을 테스트하기. 다섯째 외부의 믿을 만한 사람들에게 물어 의견을 수렴하기. 여섯째 외부 전문가를 초빙해서 회의 진행하기. 일곱 번째 회의할 때마다 특정인을 반론자devil's advocate로 선정하여 회의가 진행되는 동안 일부러 다양한 비판을 개진하게 하기. 특히 마지막은 학교에서도 토론할 때 실행하는 경우가 많지요? 갈등을 일부러 조장하는 것처럼 보이지만 궁극적으로는 갈등을 해결하는 능력을 키우기 위한 조치랍니다.

일상생활 속속들이 숨은 심리학

심리학을 응용한다고 밝히지 않고 적극적으로 활용하는 경우도 있어요. 기업에서는 상품을 판매할 때에도 심리학을 씁니다. 세일할 때 원래 가격을 함께 적어 놓는 경우가 많지요? 판단의 참조점reference point을 다르게 해서 구매를 유도하려는 것입니다. 실제로는 할인된 가격에 사는 것이니 엄연한 소비인데도, 심리적으로는 원래 가격과의 차액을 생각하게 해서 이익인 것으로 판단을 바꿔주는 거예요.

판단의 참조점 효과는 다양하게 쓰입니다. 비싼 엔진 오일을 팔기 위해 그보다 훨씬 비싼 차 가격을 들먹여서 상대적으로 물건의 가격에 대한 심리적 부담을 낮춰요. "찻값이 얼마인데~"라고 하면 엔진 오일값이 아무리 비싸도 별것 아닌 것처럼 느껴지게 만들지요.

고객 이벤트를 할 때는 사람들이 가진 시간 선호time preference를 활용해요. 여러분은 지금 당장 쓸 수 있는 5,000원의 현금 할인 쿠폰과 1년 후에 현금처럼 쓸 수 있는 1만 포인트 적립 중에 어떤 것을 선택하시겠어요? 1년 후에는 두 배의 돈이 되는데도 대부분은 현재의 현금을 더 선호합니다. 현재 선호 때문이지요.

사람들은 미래의 가치는 과소평가하고, 현재의 가치는 과대평가합니다. 이것을 현재 선호 혹은 시간 선호라고 해요. 이것은 고객 이벤트만 그런 게 아니에요. 지금의 노력으로 미래에 얻을 수 있는 즐거움의 가치는 과소평가하고, 현재 놀 때 얻을 수 있는 즐거움의 가치는 과대평가해서 실행을 미루게 되기도 하지요. 그래서 교육 현장에서는 미래의 가치를 현재에도 느낄 수 있도록 체험하는 시간을 갖기도 한답니다. 그래도 현재 선호의 힘을 이기지 못하는 경우가 많지만요. 현명한 선택을 하려면 자신이 현재 선호의 오류에 빠진 것은 아닌지 확인하는 습관이 필요하겠지요?

기업에서는 일을 열심히 하는 사원에게 다양한 포상을 합니다. 그런데 그것을 "3년 후 승진할 수 있는 인사 포인트 제공"이라고 하는 것이 나을까요? 아니면 지금 당장 쓸 수 있는 포상 휴가 혹은 현금 보너스를 주는 게 나을까요? 현재 선호 때문에 현재의 것을 더 제공한답니다. 승진하면 더 많은 돈과 복리후생을 누릴 수 있다는 것을 아는 사람도 현재의 것을 선호한다는 것을 기업이 알고 있기 때문입니다.

군대에서도 군인이 뭔가 잘하면 바로 칭찬합니다. 힘든 일에서 바로 빼 줍니다. 잘한 정도가 크면 포상 휴가를 보냅니다. 나중에 제대하기 전에 몰아서 쓰면 며칠 더 휴가를 쓰게 해 준다고 해도 지금 당장의 포상 휴가를 선택합니다. 잘못한 일이 있으면 종합생활기록부에 적듯이 해당 사항을 입력하고 나중에 종합 평가하는 식으로 하지 않습니다. 즉각적으로 처벌합니다. 사소한 잘못이라도 "팔굽혀펴기 30회!" 하는 식으로 처벌합니다. 칭찬이든 처벌이든 인간이 현재에 더 민감한 특성을 고려해서 훈련 효과를 높이는 거지요.

미국 군대는 세계 여러 나라로 파병을 합니다. 장거리 이동으로 피곤한 상태에서 작전을 수행하다가 사고가 자주 일어나지요. 그래서 잠을 자지 않고도 움직이는 돌고래의 뇌파를 연구하고 있습니다. 돌고래의 뇌파를 군인에게 일시적으로 갖게 해서 정확하게 작전을 수행할 수 있도록 하는 연구를 미국의 국가방위연구소 DARPA에서 진행하고 있습니다. 상용화되는 자율 주행차도 DARPA가 명문 대학 연구팀에 연구비를 줘서 내놓은 결과물입니다. 낯선 곳에서 작전을 수행하려고 이동하다가 사고가 날 수 있으니, 숙달된 운전사의 특성을 연구해서 기계로 구현한 것이지요.

예술에서 착시를 이용한 "트릭 아트trick art"가 생긴 것도 심리학 연구 덕분입니다. 인간이 삼차원 사물을 어떻게 지각하는지 원리를 이해해서 이차원으로도 삼차원 사물로 보이게 만든 것이지요. 사람이 어떤 시각 정보에서 속도감을 느끼고, 깊이를 느끼고, 공포를 느끼는지 등을 연구한 것을 바탕으로 그림을 그리기도 합니다. 사람은 세세한 형태보다는 전체적인 형태를 먼저 처리한다는 심리학 이론을 바탕으로 다음과 같이 재미있는 그림을 그리기도 하지요.

옥타비오 오캄포, 〈The Generals Family〉

대부분 사람은 머리가 벗어진 하얀 콧수염의 남자가 그림의 중앙에 있는 것을 먼저 봅니다. 그러고 나서 세부적으로 노인과 여인을 보지요. 커다란 대머리 노인의 손가락처럼 보였던 것이 길에 누워 있는 강아지로 바뀌어 보일 때 웃음이 터져 나올 수도 있습니다. 어떠세요? 하나의 그림에서 두 개의 그림을 보는 재미가 있지 않으세요?

다이어트에도 심리학은 응용됩니다. 사람들은 노란색, 빨간색 등 따뜻한 느낌의 색을 볼 때 식욕이 생깁니다. 반대로 파란색과 같이 차가운 느낌의 색을 보면 식욕이 떨어집니다. 접시와 식탁 색깔을 파란색 계통으로 하면 식욕이 떨어져 다이어트 효과가 있습니다. 반대로 식당에서는 따뜻한 느낌의 색을 더 써서 식욕과 요리에 대한 만족감을 더 높이려 노력합니다.

의료 분야에도 심리학은 응용되고 있어요. 의사인 제롬 그루프먼Jerome Groopman 박사는 가족여행 중에 자기 아들이 수술을 안 하면 죽을 뻔한 심각한 병에 걸렸어요. 하지만 몇 명의 의사를 거치면서 오진이 계속되는 더 심각한 경험을 하였지요. 그루프먼은 정상적인 상황에서 의사들의 오진율이 15~20% 정도 된다고 주장해요. 그리고 이 중 절반이 심각한 신체적 손상이나 죽음으로 이어지고요.

심각하지요? 그런데 이러한 원인은 병 자체의 위중함이 아니라 대부분 의사의 잘못된 사고에서 비롯된다는 거예요. 여러분이 병원에 가서 진단받는 상황을 잘 떠올려 보세요. 의사는 투시 초능력자가 아니에요. 여러 질문을 하는 문진을 통해 병의 전형적인 증상이나 징후를 찾아보고 환자의 이야기를 들으며 상황을 꿰맞추지요. 1분도 안 되는 시간에 자신의 판단에 확신을 가지고 추가 질문을 한 뒤 진단을 내립니다. 인간의 주의력 기억력 등의 제약 특성상 충분한 검토가 이뤄졌다고 보기 힘든 결정일 확률이 높아요.

만약 환자가 고통에 비명을 지르거나 정신없이 울거나, 환자가 '투 머치 토커'라서 안 물어본 내용까지 장황하게 설명하거나, 다른 사람이 계속 밀려드는 진료실 상황이라면 오진율도 더 커질 수 있겠지요? 이런 상황을 개선하려면 의사와 환자 모두 인간의 인지적 성향과 판단 오류에 대한 지식이 있어야 해요. 이러한 문제를 인식한 그루프먼은 하버드 의대 정규 교과과정에 인지심리학의 연구 결과와 기본 개념을 포함해서 가르치기 시작했어요. 한국에서도 인지심리학을 정규 교과로 편성한 대학이 점점 늘어나고 있답니다.

법정에서는 목격자 증언의 타당성을 검증하는 데 심리학이 쓰입니다. 목격자 증언은 기본적으로 목격자의 기억에 의존하지요? 그런데 앞서 살펴봤듯이 기억은 본래 왜곡 가능성이 크니 문제가 되지 않을까요?

미국 심리학자인 엘리자베스 로프터스Elizabeth F. Loftus 박사는 실험에서 참가자들에게 자동차 사고에 관한 영상을 보여 주었어요. 그러고 나서 마치 법정에서 증언하는 것처럼 '자동차 충돌 시 어느 정도의 속도로 달리고 있었는가?'라고 물었답니다. 또 다른 집단에는 '자동차가 부딪쳤을 때 어느 정도의 속도로 달리고 있었는가?'라고 물었습니다. 두 조건의 차이는 아주 미세하지요? '충돌'이라는 말이 더 격한 느낌이 드는 차이가 있을 뿐이에요. 그런데 충돌이라는 단어가 쓰인 질문을 받은 집단은 자동차의 속도가 더 빨랐다고 대답했어요.

일주일 후에 있던 추가 질문에서는 사고 현장에서 유리 파편 등을 보았다고까지 말했습니다. 아주 생생한 추가 정보도 말했습니다. 그러나 그들이 본 영상에는 유리 파편이 없었어요. 상대방의 질문을 듣고 목격자들은 그러려니 추측하고서 기억을 왜곡해서 대답한 것이랍니다. 그래서 영화에 나오는 것처럼 '유도 신문'이나 '확인되지 않은 추측' 혹은 '사건 정황 이해를 위해 만든 가상의 영상' 등에 대해 판사가 민감하게 제지하게 되었습니다.

이 밖에도 우리 일상에는 보이지 않게 심리학이 응용되는 곳이 많습니다. 왜냐고요? 인간의 마음을 연구하는 학문이니, 인간과 관련된 기계, 서비스, 환경 등에 심리학이 응용될 수밖에요. 앞으로도 인간과 관련된 심리학은 계속 중심 학문으로 발전하고 응용

될 가능성이 높겠지요? 청소년 여러분이 심리학을 전공하지 않더라도 심리학 지식을 쌓아서 더 나은 기계, 서비스, 환경 등을 재미있게 만들기를 기대해 봅니다.